U0753421

General Textual Research
on Dissemination of Editions of
Marxist Classical Works

马克思主义经典文献传播通考

杨金海　李惠斌　艾四林　主编

《法兰西内战》吴黎平、刘云译本考

李惠斌　著

辽宁人民出版社

© 李惠斌　2020

图书在版编目（CIP）数据

《法兰西内战》吴黎平、刘云译本考 / 李惠斌著. —沈阳：辽宁人民出版社，2020.8
（马克思主义经典文献传播通考 / 杨金海，李惠斌，艾四林主编）
ISBN 978-7-205-09689-2

Ⅰ.①法… Ⅱ.①李… Ⅲ.①《法兰西内战》—马克思著作研究 Ⅳ.①A811.23

中国版本图书馆CIP数据核字（2019）第147585号

出版发行：辽宁人民出版社
地址：沈阳市和平区十一纬路25号　邮编：110003
电话：024-23284321（邮　购）　024-23284324（发行部）
传真：024-23284191（发行部）　024-23284304（办公室）
http://www.lnpph.com.cn
印　　刷：辽宁新华印务有限公司
幅面尺寸：160mm×230mm
印　　张：16.25
字　　数：190千字
出版时间：2020年8月第1版
印刷时间：2020年8月第1次印刷
责任编辑：顾　宸
装帧设计：晓笛设计工作室　舒刚卫
责任校对：冯　莹
书　　号：ISBN 978-7-205-09689-2

定　　价：72.00元

马克思主义经典文献传播通考

编辑委员会

顾　问（以姓氏笔画为序）：

邢贲思　朱佳木　李　捷　宋书声　陈先达　赵家祥　柳斌杰　顾海良　顾锦屏

主　编：杨金海　李惠斌　艾四林

副主编：王宪明　李成旺　姜海波（常务）

编　委（以姓氏笔画为序）：

于向东　万资姿　丰子义　王　东　王树荫　王宪明　王峰明　王新生　王韶兴　方　红　艾四林　冯　雷　任　平　刘长军　刘同舫　汤志华　安启念　许静波　纪亚光　李　冉　李永杰　李成旺　李惠斌　李楠明　杨金海　肖贵清　吴晓明　佘双好　邹广文　沈红文　张兴茂　张秀琴　张树德　张雷声　张新平　陈金龙　陈学明　林进平　欧阳军喜　罗文东　金民卿　庞立生　房广顺　郝立新　胡大平　姜海波　姜　辉　姚　颖　贺　来　聂锦芳　柴方国　徐俊忠　郭建宁　唐正东　康沛竹　商志晓　梁树发　蒋仁祥　韩立新　韩庆祥　韩喜平　韩　震　靳书君　蔡乐苏　翟民刚　考普夫（德）　黑克尔（德）　宫川彰（日）　平　子（日）　阿利夫·德里克（美）

出版委员会

主　任：张卫峰　杨建军

副主任：张东平　和　龚　杨永富

委　员（以姓氏笔画为序）：

刘建国　许科甲　李红岩　李援朝　杨永富　杨建军　杨贵华

张　洪　张卫峰　张东平　和　龚　武国友　柳建辉　徐　步

聂震宁　黄如军　蔡文祥　魏玉山

本丛书研究得到“教育部哲学社会科学研究重大专项资助”

总序

呈献给读者的这套“马克思主义经典文献传播通考”，旨在立足于21世纪中国和世界发展的历史高度，对我国1949年以前马克思、恩格斯、列宁等重要著作的中文版本进行收集整理，并作适当的版本、文本考证研究，供广大读者特别是致力于深入研究马克思主义经典作家原著的读者阅读使用。计划出版100种，4年内陆续完成编写和出版工作。

一、“马克思主义经典文献传播通考”概念界定

“马克思主义经典文献传播通考”在我国学术界是一个全新的概念。之所以这样说，是因为过去从未有人用过这一术语，甚至未曾有过这一理念。在我国学术界，对中国传统经典文献的考据乃至通考性的整理研究并不鲜见，包括对儒、释、道等经典的通考性整理研究成果十分丰富，但对近百年来中文版马克思主义经典文献的考据以及整理性研究只是近年来才逐渐为人们所认识，至于在此基础上的通考性整理研究还几乎没有进入人们的视野。所以，首先有必要对这里所说的“马克思主义经典文献传播通考”这一概念

的含义进行说明。

第一，这里所说的“马克思主义经典文献”，主要是指中文版的马克思、恩格斯、列宁的著作，斯大林的重要著作也适当列入。这些经典文献在中国的翻译传播，如果从1899年初马克思、恩格斯的名字和《共产党宣言》的片段文字传入中国算起，迄今已有120年时间，而且经典著作的翻译传播今天仍然在进行中。但为了工作方便，我们这里主要收集整理1949年以前的经典文献。原因是中华人民共和国成立后的经典著作翻译成果比较系统、完整，又使用比较标准的现代汉语，翻译术语也比较一致，在可见的时间内不需要进行深入的考证说明，同时我们人力有限，也无力做如此浩大的经典文献整理研究工作，只好留待后人去做。再则，这里所列入的主要是比较完整的经典著作文本，不包括片段译文文本，因为这些片段译文太过繁多复杂，我们也无力进行全面的整理研究。当然，个别十分重要的片段译文，也会在考据说明中论及，有的还会附上原文或部分原文。但总体说来，片段译文整理研究工作，也只能留待后人去作分门别类的整理研究了。

第二，这里所说的马克思主义经典文献“传播”，主要是指上述经典文本的翻译、出版，有时也会涉及学习、运用这些著作及其社会影响的情况。这些经典文献在我国的片段翻译传播从清末就开始了。其中，中国资产阶级改良派、革命派等都做过一些工作，但那时人们只是把马克思主义作为西方学术思潮之一来介绍，并没有自觉地把它当作指导中国社会发展的思想来研究运用。真正自觉把马克思主义作为指导中国革命的思想是十月革命之后的事。毛泽东曾经说过：“十月革命一声炮响，给我们送来了马克思列宁主义。”[①]正是从这个意义上说的，是完全正确的。也正是在这个意义上说，李大钊是马克思主义中国化的第一人。在李大钊的引领下，五四新文化运动期间，马克思主义经典文献在中国的翻译传播形成了高潮。在这一时代大潮的推动下，1920年8月，陈望道翻译的《共产党宣言》完整中文译本在上海出版，这是我国历史上第一本完整的中文版马克思主义经典著作，从此开始了大量翻译马克思主义经典著作的历程。特别是1921年中国共产党成立后，我们党更加自觉地有组织、有计划地翻译经典著作。在土地革命战争、抗日战争、解放战争期间，在十分困难的条件下，这一工作始终没有停止。特别是在延安时期，于1938年5月5日马克思诞辰纪念日，中共中央成立了“马列学院”，其主要任务之一就是翻译马列经典著作。以此为阵地，我们党所领导建立的马克思主义翻译和理论研究队伍做了大量工作，到1949年中华人民共和国成立前，主要的马克思主义经典著作中文文本基本上都出版了。同时，在国民党统治区和日伪军占领区，很多进步人士和出版机构特别是三联书店，为马克思主义经典著作的翻译出版作出了重要贡献。设在苏联的莫斯科外国文书籍出版局的中文部为翻译出版中文版马克思主义经典著作作出了特殊重要的贡献。我们这套丛书就是要系统地反映经典著作翻译传播的这一历史过程。同时，也适当反映学习、运用马克思主义理论的历史面貌。

第三，这里所说的马克思主义经典文献传播“通考”，主要是指对上述经典文本的考据性整理和研究。文献考据或考证研究是中国学者作

---

① 毛泽东:《论人民民主专政》，载《毛泽东选集》第四卷，人民出版社1991年版，第1471页。

学问的优秀传统，也是中国学术的一个显著特点。比如古代的经学研究，一定要作相关的文字学、训诂学、版本学、辨伪学、音韵学等的考证研究。没有这些考证工作，得出的结论就靠不住。我们力求继承这个传统，同时，借鉴现代文献学研究方法，来从事马克思主义经典文献传播研究。按照古今文献考据方法，我们将深入考证研究马克思主义经典著作等文献传入中国的各个方面、各个环节，包括文本考据、版本考据、术语考据、语义考据、语用考据、辨伪考据、人物事件考证等。(1) 文本考据是对经典著作文本的翻译以及文本内容进行考证研究。如对《共产党宣言》1949年前多个中文版本的翻译情况进行考证并进行各个文本内容的比较研究，考证前人对有关重要思想理解的变化。(2) 版本考据是对经典著作等文献的出版性质和版次的考证研究。如《共产党宣言》的某个中文译本是否一个独立译本、是第几次印刷等，都要考证清楚。(3) 术语考据主要是对经典著作中的重要概念、术语以及人名、地名的考证研究。如"社会主义"这个概念在历史上曾经有多种译法，这就需要考证清楚。(4) 语义考据是对概念含义变化的考证研究。如对"社会主义"的理解在历史上曾经多种多样，需要考证清楚。(5) 语用考据是对概念的运用和发展的考证研究。(6) 辨伪考据是对有关文献的真假进行考证研究。如有的文章不是马克思写的，而被误认为是马克思写的，后来收入了《马克思恩格斯全集》中文第一版中，这就需要澄清。(7) 人物事件考证是对翻译者、传播者以及相关事件等进行考证，以期弄清经典文献翻译出版的来龙去脉。进一步讲，每一类考据又有很多种具体研究工作。如文本考据，包括中外文的文本载体形式研究、文本内容类别研究、文本收集典藏研究、文本整理利用研究、经典作家手稿研究、翻译手稿比较研究、文本研究的历史发展概况研究等。一句话，要做到“辨章学术，考镜源流”。这样，我们的文献考证工作才能做扎实。

同时，还力求借鉴西方解释学的方法，对有关重要概念作更深入的考证研究。既要对某一概念作小语境的考证，即上下文考证，又要作大语境考证，即对当时人们普遍使用此类术语的情况以及当时的历史文化背景作考证研究。进行这些考据工作很有意义，但绝非易事，这就要求我们掌握马克思主义经典著作的翻译史、传播史以及当时整个社会的语言文字环境，还要掌握外文，能够进行外文和中文的比较研究、各个中文版本的比较研究以及相关版本的比较研究。只有这样，才能准确把握经典作家思想的含义，对有关文本、译者的工作等作出公正合理的评价。

在这里，“通考”工作的两个方面即文献整理与考证研究是不可分割的。一方面要把这些文本整理出来，另一方面要把这些文本以及相关的问题考证研究清楚。文献整理是前提和基础，没有前期的文献收集整理就不可能进行深入研究；但考证研究又能够反过来促进文献整理，帮助我们进一步弄清文献之间的关系以及发现新文献，比较完整地再现经典文献的历史风貌。

第四，“马克思主义经典文献传播通考”是一个跨学科、跨专业、综合性、基础性的概念。总体上说，它是马克思主义学科的范畴，但也是文献学、传播学、翻译学、语言学、历史学、文化学、思想史等学科的概念。所以，要深化考证研究工作，需要各个学科的学者共同努力。我们这里只能为各个学科的研究做一些基础性工作。

还需要说明的是，正如大家所知道的，对任何概念的界定都有其局限性，它只能大致说明事物的本质、内涵，而不可能囊括一切。“马克思主义经典文献传播通考”这个概念也是如此，因为它涉及问题、学科太多，不可能十分精确，故而只能作上述大致说明。对这项工作内涵的理解，大家还可以进一步探讨。我们的想法是，“行胜于言”，无论如何，先把这一工作开展起来，在以后的工作中再逐步完善。

二、马克思主义经典文献传播通考何以必要

开展马克思主义经典文献传播通考这项工作之所以必要，是因为事出有因，且势在必然。总体而言，这是中国改革开放40多年实践发展的必然，也是马克思主义理论界乃至整个社会思想文化界深入研究探讨一系列重大理论问题的逻辑必然。

“问题是时代的呼声。”20世纪80年代和90年代初，伴随着改革开放的推进，人们对以往所理解的马克思主义基本理论、基本观点等提出了不少质疑。特别是在“什么是马克思主义”“什么是社会主义”这些重大问题上，人们普遍感觉到过去没有弄清楚，需要重新加以理解。邓小平曾经说过：“不解放思想不行，甚至于包括什么叫社会主义这个问题也要解放思想。”①他后来又强调说：“什么叫社会主义，什么叫马克思主义？我们过去对这个问题的认识不是完全清醒的。”②于是，如何真正全面而准确地理解马克思主义、社会主义成为改革开放时代的大问题。围绕着这个重大时代课题展开了多方面讨论，形成了很多不同

① 《邓小平文选》第二卷，人民出版社1994年版，第312页。

② 《邓小平文选》第三卷，人民出版社1993年版，第63页。

观点。

为回答时代面临的课题，人们重新回到“经典文本”，力图把握马克思主义、科学社会主义最原初最本真的含义。这种情况反映到理论界，就提出了“回到马克思”的口号。由此很多学者发表了一系列文章、著作，讨论了各种解读马克思主义经典文本的方式，如“以马解马”即用马克思的话解读，“以恩解马”即以恩格斯的话解读，“以苏解马”即以苏联式马克思主义解读，“以中解马”即以中国化马克思主义解读，等等。这些讨论对人们从不同角度深化对马克思主义的认识发挥了积极作用，但是，问题依然没有被很好解决，因为对文本的理解各有不同，争论仍然不可避免。

随着探讨的深入，人们进一步追问起“文本翻译”问题。有人力图回到经典著作的外文文本即欧洲语言文本，认为中文版的“文本翻译”存在问题。例如，有人认为《共产党宣言》中的“消灭私有制”翻译错了，影响了对所有制改造的理解，这是我们在很长时期内追求“一大二公”社会主义所有制的根源所在，应当翻译为“扬弃私有制”，即对私有制既克服又保留。此种理解似乎可以为改革开放政策提供理论支撑，但也有对马克思主义经典著作的实用主义解读嫌疑，由此同样遭到了批评。

随着对经典文本翻译问题探讨的深入，“版本研究”被提上日程。人们发现在不同历史时期，翻译者对经典著作中重要术语的翻译是不同的，这表明中国人对马克思主义重要观点的理解是在不断变化、不断深入的。比如，在中华人民共和国成立之前，《共产党宣言》有6个完整而独立的中文译本，其中对“消灭私有制”的翻译均不完全相同。1920年陈望道译本是："所以共产党的理论，一言以蔽之，就是：废止私有财产。"1930年华岗译本是："所以共产党的理论可以用一句话来综结，就是：废止私有财产。"1938年成仿吾、徐冰译本是："在这个意义上，共产党人可以把自己的理论归纳在这一句话内：废除私有财产。"1943年8月博古译本是："在这个意义上，共产党人可以用一句话表示自己的理论：消灭私有财产。"1943年9月陈瘦石译本是："从这一意义上说，共产党的理论可用一句话概括：废除私产。"1949年莫斯科译本是："从这个意义上说，共产党人可以把自己的理论概括为一句话：消灭私有制。"可见，关于"消灭私有制"这一重要语句的译法有一个越来越准确的过程。原来译为"废止私有财产"等，只看到了这一观点的表象，只有译为"消灭私有制"才能抓住实质，即从经济制度上解决资本主义国家的社会问题。陈瘦石（当时生活在国民党统治下的知识分子）译为"废除私产"，很不准确，甚至有曲解，因为共产党人要废除的是私有财产制度，而不是简单废除包括私人生活资料在内的私产。由于人们在不同时期、不同社会条件下对《共产党宣言》理解不同，这就需要深入研究这部书的各个版本，并在此基础上进行历史性的文本比较研究。

经典著作"版本研究"深化的一个重要标志应当说是对《共产党宣言》版本的全面考证研究。1998年是《共产党宣言》发表150周年。为纪念这部不朽经典，也为更好理解马克思主义的本质要义，中央编译局和中央电视台联合制作了大型电视文献纪录片《共产党宣言》，笔者作为本片的主要撰稿人，和老专家胡永钦研究员一起对《共产党宣言》的中文版本第一次作了比较全面的梳理，发现这部书总共有12个独立而完整的中文译本，中华人民共和国成立前后分别有6个译本。[①]后来中国人民大学的高放教授又作了进一步研究，认为连同中国香港、台湾等地中文译本，《共产党宣言》共有23个中译本。[②]此后，学术界研究《德意志意识形态》《资本论》等经典著作版本的成果也越来越多。通过版本比较研究，人们对经典作家思想的理解越来越深。

对经典文本、翻译、版本研究的深入，又促使马克思主义“传播史”研究兴盛起来。人们发现，只孤立研究某一经典著作的文本、翻译、版本还不够，要深入把握中国人对马克思主义基本观点理解的变化，还需要研究马克思主义在中国传播的完整历史，包括马克思恩格斯列宁名字的翻译、经典著作的片段翻译、经典文本的完整翻译以及出版传播等。比如，关于马克思的名字翻译在历史上就有十几种，包括“马克司”“马尔克斯”“马陆科斯”“马尔格士”“麦喀氏”“马儿克”“马尔克”“马克斯”等。通过研究传播史，才能把各个历史阶段的各种经典著作文本的关系弄清楚，通过对其中话语体系主要是概念体系的研究，从整体上弄清中国人100多年来对马克思主义、社会主义的重要概念、主要思想观点的理解。比如“社会主义”一词，在1899年2月发表的《大同学》一文中被译为“安民新学”，这是按照中国传统儒家思想对社会主义的理解；后来借用日文翻译术语，学术界广泛认同并接受了“社会主义”一词的译法，但对它的理解仍然很不相同。比如，孙中山理解

① 杨金海、胡永钦：《〈共产党宣言〉在中国的翻译、出版和传播》，载《科学社会主义》1998年“纪念《共产党宣言》发表一百五十周年”特刊；又见杨金海：《〈共产党宣言〉与中华民族的百年命运》，载《光明日报》2008年7月3日。

② 高放：《〈共产党宣言〉有23种中译本》，载《光明日报》2008年10月16日。

的社会主义和后来共产党人理解的社会主义就很不相同。实际上，直到今天我们学术界乃至整个思想界对社会主义的理解还在深化。传播史研究就是要研究这种变化发展的历史，从中发现规律性的东西，澄清人们在一些重大理论问题上的模糊认识，特别是要避免重复劳动。因为有很多现在争论的问题在历史上曾经出现过，有的早已解决，但由于人们不了解历史，常常旧话重提，造成重复劳动甚至新的思想混乱。传播史研究可以有效弥补这方面的不足。

中央编译局的学者们在马克思主义传播史研究方面做了大量工作。从20世纪50年代开始，由于翻译马克思主义经典著作的需要，编译局前辈学者就在不断研究梳理前人的翻译成果，并开展了马克思主义传播史方面的初步研究和宣传普及工作。1954年，中央编译局举办了“马列主义在中国的传播”展览，之后编辑了《马克思列宁主义著作在中国的传播》一书；1957年，为纪念十月革命胜利40周年，又与北京图书馆（即现在国家图书馆前身）合作主办展览；1963年，中央编译局专家丁守和、殷叙彝出版了《从五四启蒙运动到马克思主义的传播》一书；1983年，为纪念马克思逝世100周年，举办了“马克思恩格斯著作在中国”展览，之后编辑整理并由人民出版社出版了《马克思恩格斯著作在中国的传播》一书；1998年，举办了“《共产党宣言》发表一百五十周年”展览，并与中央电视台合作创作了两集文献纪录片《共产党宣言》，笔者为主笔；2011年，为庆祝中国共产党成立90周年，建立了我国第一个“马克思主义传播史展览馆”，创作了8集文献纪录片《思想的历程》，并由中央编译出版社出版《思想的历程——马克思主义在中国的百年传播》一书，笔者为总撰稿；2018年，为纪念马克思诞辰200周年，在国家博物馆举办“真理的力量——纪念马克思诞辰200周年”主题展览。2018年，根据中央机构改革方案，中共中央编译局与中共中央党史研究室、中共中央文献研究室合并成立了中共中央党史和文献研究院，但中央编译局的牌子仍然保留，以便继续用该名出版马列著作，有关专家学者仍然奋斗在马克思主义传播史研究的前沿阵地。由笔者牵头、一批中青年学者参加承担的国家社科基金重点项目“马克思主义传播史研究”正在进行，预计2019年下半年将出版《马克思主义传播史（中国卷）》两卷本。

我国各高校、科研机构以及有关学者在马克思主义传播史研究方面作出了重要贡献。1955年，苏联学者柯托夫的《马克思主义在俄国的传播》一书由于深翻译，在时代出版社出版；次年，苏联学者巴特里凯也夫的《俄国现代无产阶级的出现——马克思主义在俄国的传播》由孟世昌翻译，在上海人民出版社出版。受苏联专家的影响，中国学者也开始研究马克思主义传播问题。比如，北京大学的黄楠森教授等于20世纪50—60年代，就开始研究马克思主义哲学史，其中包括马克思主义传播史内容，70年代初编成油印本。改革开放后，他与施德福、宋一秀教授一起正式出版了三卷本的《马克思主义哲学史》；后来黄楠森又与庄福龄、林利一起主编了八卷本《马克思主义哲学史》，其中第四卷讲马克思主义哲学在俄国的传播与发展，第七卷讲马克思主义哲学在中国的传播和发展。北京大学的林代昭、潘国华于1983年编辑了《马克思主义在中国——从影响传入到传播》，作为“中国近代思想和文化史料集刊”出版。中国人民大学的林茂生于1984年出版了《马克思主义在中国的传播》一书。中国社会科学院近代史研究所的唐宝林于1997年出版了《马克思主义在中国100年》，后来又再版，影响很大。此外，还有其他学者发表了若干关于马克思主义传播史的著作和文章。如姜义华在1983年《近代史研究》第1期发表《马克思主义在中国的初期传播与近代中国的启蒙运动》一文；高军在1986年完成《五四运动前马克思主义在中国的介绍与传播》一书，由湖南人民出版社出版；王炯华于1988年出版《李达与马克思主义哲学在中国》；桂遵义于1992年出版《马克思主义史学在中国》等。

进入21世纪后，我国学者在马克思主义传播史方面的研究成果更多，视野更广阔，特别是深化了分门别类的研究。一是加强早期传播的研究。如王东等于2009年出版《马列著作在中国出版简史》；田子渝于2012年出版《马克思主义在中国初期传播史（1918—1922）》；方红于2016年出版《马克思主义在中国的早期翻译与传播》等。二是加强分支学科传播史的研究，包括马克思主义哲学、经济学、法学、新闻学、文艺理论、党建理论、宗教理论等传播史研究。如谈敏于2008年出版《回溯历史——马克思主义经济学在中国的传播前史》；庄福龄于2015年出版《中国马克思主义哲学传播史论》；胡为雄于2015年出版《马克思主义哲学在中国传播与发展的百年历史》；文正邦于2014年出版《马克思主义法哲学在中国》；张小军于2016年出版《马克思主义法学理论在中国的传播与发展（1919—1966）》；丁国旗于2017年出版《马克思主义文艺理论在中国》等。三是加强地方传播史研究。如淮北市委党史研究室于2004年出版《中国共产党淮北地方史》第一卷，专门用一节讲述了“马克思主义在淮北的传播”；闫化川于2017年出版《马克思主义是怎样生根中国的——马克思主义在山东早期传播研究》；2017年，黄进华出版《马克思主义在哈尔滨传播的历史经验和现实启示》。四是加强对马克思主义翻译家和理论家的研究。如叶庆科于2006年出版《杨匏安：我国传播马克思主义的先驱》；郭刚于2010年出版《中国早期马克思主义的传播——梁启超与西学东渐》；笔者主编的《姜椿芳文集》《张仲实文集》分别于2011年、2015年问世，其中包括对姜椿芳、张仲实两位马克思主义翻译大家所作贡献的研究介绍；西南财经大学经济学院和马克思主义经济学研究院编《陈豹隐全集》于2013年之后陆续出版；湖南常德市赵必振研究会对我国马克思主义传播的早期学者赵必振的文献进行整理编纂，于2018年出版《赵必振文集》。五是加强对经典文本解读史、概念史的研究。如王刚于2011年出版《马克思主义中国化的起源语境研究——20世纪30年代前马克思主义在中国的传播及中国化》；尹德树于2013年出版《文化视域下马克思主义在中国的早期传播与发展》。近几年来，一些学者还发表了一系列关于马克思主义概念史的文章，深化了传播史研究。

随着马克思主义传播史研究的深化，系统性的马克思主义"文献编纂"乃至"马藏编纂"工作被提上日程。人们越来越发现，要完整把握马克思主义精髓，特别是要完整把握100多年来中国人对马克思主义理解的情况，需要系统整理马克思主义经典文献。在经典文献典藏方面，中央编译局做了较多工作。由于工作需要，这里的专家学者收集整理了国内最丰富、最齐全的马克思主义经典文献，其中包括中华人民共和国成立后所有中文版的马克思主义经典文献，以及各种外文版的马克思主义经典文献，也包括中华人民共和国成立前的不少经典著作文本文献。国家图书馆、上海图书馆等也拥有丰富的马克思主义经典文献典藏。但即使如此，也不能够满足马克思主义经典文本、版本以及传播史研究的需要，因为这些文献典藏总的来说具有零散性，特别是早期文献，分散珍藏在不同图书馆和有关机构的资料室，人们使用起来很不方便。为此，近些年来不少学者把文献考据研究与文献编纂工作紧密结合起来，推出不少成果。如吕延勤主编《马克思主义在中国早期传播史料长编（1917—1927）》（上、中、下卷），2016年由长江出版社出版；田子渝主编《马克思主义在中国早期传播著作选集（1920—1927）》三卷本，于2018年由湖北人民出版社出版。这些经典文献整理出版大大方便了马克思主义传播的考据研究。但目前的文献整理出版工作仍然有局限性，十月革命之前和大革命之后的经典文献整理出版较少。

于是，学者们提出应当编纂“马藏”。大家知道，中国历史上各个主要学派都有自己的典藏体系，儒家有“儒藏”，佛家有“佛藏”，道家有“道藏”。马克思主义作为在近现代中国影响最大的思想体系，也应当而且能够建立自己的典藏体系。顾海良教授是这方面的领军人物，他领导的北京大学《马藏》编纂工程于2015年3月启动，已经取得初步成果，于2017年5月4日发布出版第一批书共5卷，370万字。他认为，《马藏》编纂工作的任务是“把与马克思主义发展有关的文献集大成地编纂荟萃为一体”，这是很正确的。但这项工作太复杂庞大，需要众多学者一起来做才有可能最终完成。

最近几年，笔者根据中央编译局马克思主义文献典藏情况，围绕“马藏”体系建立也提出了一些想法。笔者认为，“马藏”体系应当包括三个层次：一是核心层，即马克思、恩格斯、列宁等经典作家的手稿以及最初发表的文献；二是基本层，即《马克思恩格斯全集》历史考证版即原文版（亦称MEGA版）、《列宁全集》俄文版等经典著作的外文版本，《马克思恩格斯全集》中文第一、二版，《列宁全集》中文第一、二版，中国化马克思主义经典著作；三是外围层，包括经典著作各种版本的选集、文集、专题读本、单行本，以及研究马克思主义经典的代表性著作。这些经典文献有上千卷，可以与中国历史上任何典藏系列（如儒藏、道藏、佛藏）相媲美。[①]顺便说一句，“马藏”体系的建立将意味着中国现代文化典藏基础的确立，它和中国传统文化典藏一起构成中华文化的典藏体系，其意义远远超出了马克思主义经典著作文本和传播史研究本身。根据这个想法，我们不同单位或部门的学者应当根据自己的工作实际开展工作。“马藏”体系的核心层、基本层实际上一直是由中央编译局在做的，也比较完善了。我们今天最需要做的就是“补短板”，即把外围层中的各种零散的历史性的经典文本文献收集整理起来，供大家作历史性研究之用。这些历史性的经典文献也很多，所以应当首先把中华人民共和国成立前比较完整的经典著作文本整理出来，以供马克思主义经典文本、版本、传播史考据等研究之用。

于是，我们的“马克思主义经典文献传播通考”丛书也就应运而生了。可见，开展这项工作，不是我们一时激动的产物，而是我国学术界马克思主义理论研究逐步深化的逻辑必然，做好这项工作也是当务之急。这项工作做好了，不仅有助于马克思主义经典著作翻译和文本、版本、传播史的研究，也能够为建立完整的“马藏”体系提供历史上的各种基础文本，还有助于整个中国现代思想文化的研究和建设。

---

① 杨金海：《马克思主义发展史学科群建设之思——马克思主义传播史研究视角》，载《北京行政学院学报》2018年第1期。

三、马克思主义经典文献传播通考何以可能

今天进行马克思主义经典文献传播通考是否可行？回答是肯定的。如果放在20年前，做这项工作几乎是不可能的。因为那时大家还没有对马克思主义理论进行深入的文本、版本、传播史、概念史、解读史等考据研究的概念，更没有建立“马藏”的想法，所以，也就不可能有此思想动力。这是从主观上讲的。从客观上看也是如此。当时的研究还很不够，也还没有今天这样发达的信息技术，所以要弄清中华人民共和国成立前究竟有多少经典著作文本已经翻译出来、藏在何处，是很困难的，就更不用说把各种经典著作的不同文本收集起来并整理出版了。

经过长期的积累，特别是近几十年的经典著作研究，今天我们已经具备了进行马克思主义经典文献传播通考的基本条件。

一是越来越多的人意识到经典文献考据研究的重要性，不仅把马克思主义作为意识形态来研究，而且进一步把马克思主义作为科学的学术体系乃至“新国学”之重要内容来研究。长期以来，在我国有一种不正确的认识，就是认为马克思主义是一种意识形态，没有学术性，甚至不是学问。实际上，意识形态也有科学与非科学之分。马克思主义是一种科学的意识形态，由此决定了它具有科学性，完全可以作为学术来研究。之所以有人认为它不具有学术性，一方面，是因为这些人不懂马克思主义；另一方面，是因为我们马克思主义学界在学术、文化层面研究马克思主义不够，有分量的学术成果不多。要克服这一缺陷，就要努力借鉴其他学科的研究方法，包括借鉴我国传统的学术文化研究方法，拿

出可以与其他学科相媲美的学术成果来。例如建立“马藏”体系就是很好的学术性工作。2014年在成中英先生八十大寿庆祝会上，笔者尝试性地提出“新国学”概念。所谓“新国学”，就是包括马克思主义学说在内的中华学术体系，是当代整个中华文化的基础。我们以往所说的“国学”实际上是“老国学”，即以儒、释、道为主的中国传统学术体系，今天这样讲还说得过去，但实际上已经不准确了，再过若干年就更不科学了，因为我们今天还有马克思主义学说。毫无疑问，自五四新文化运动以来，马克思主义在我国已经逐步成为中华学术体系的重要组成部分，可以与传统的儒、释、道等相媲美，因此不能把它排斥在国学之外。类似情况，在历史上是有过先例的。大家知道，佛学是西汉时传入中国的，是外来文化，但2000年后的今天，谁还能说它不是中国文化之一部分呢？马克思主义也是这样，况且它比佛学的作用要大得多，它传入中国才100多年，就深刻改变了中华民族的命运，也深刻改变了中国传统文化，已经成为当今中华文化的重要组成部分乃至核心部分。随着时间的推移，将来我们的国学体系一定会把“马学”加进来，形成“儒、释、道、马”并驾齐驱、以“马”为魂的繁荣发展局面。当然，“马学”作为“新国学”的重要组成部分并为人们所接受，还需要努力构建自己的学术体系。比如要借鉴中国传统学术文化研究的方法，像整理编纂《四库全书》那样，把马克思主义“经”“史”“子”“集”等都整理出来，形成蔚为壮观的经典体系、学术体系，供后人研究之用。此外，我们对马克思主义的各种研究也要具有深厚的学理性。这样，“马学”作为科学的学术体系才能够完善起来。“知难行易”，应当说经过这些年学界同仁的共同努力，已经有越来越多的人意识到马克思主义经典文本整理和考据工作的重要性。这就为顺利推进这项工作奠定了思想基础。

二是这些年有关马克思主义经典文本整理研究的成果越来越多，使得我们基本知道了有哪些经典文本、版本及其传播、珍藏等情况。特别是近几年来，这些研究成果每年都在成倍地增长。很多深藏密室的历史文献被挖掘出来，包括一些经典文本、马克思主义经典著作翻译家、出版家、教育家以及取经潮、取经路线、传播方式等，成为学界研究的热点。与之相伴随，马克思主义经典著作原文版、手稿的收集整理和深度研究成果也越来越多。中央编译局的学者在这方面的成果较多。笔者在经典文献研究方面也做了一些工作，如与冯雷共同主编了37卷“马克思主义研究资料”丛书；与李惠斌主编了40卷“马克思主义经典著作研究读本”丛书。王学东主编了64卷“国际共产主义运动历史文献”丛书。这三套丛书均由中央编译出版社出版。清华大学艾四林主编了20卷“马克思主义经典著作导读”丛书。北京大学聂锦芳主编了12卷“重读马克思——文本及其思想”丛书。其他单位学者在这方面的成果也越来越多。这些经典文献的收集整理和相关大型丛书的编辑出版，以及学术界同仁的大量相关研究成果的发表，为我们推进马克思主义经典文献考据工作提供了丰富资料。

三是马克思主义经典文本考据研究队伍日益壮大，经验日益丰富，方法不断更新。不仅马克思主义理论界很多学者在从事这方面工作，而且其他各界学者也参与进来，包括翻译界、历史学界、民族学界、宗教学界、文学艺术界等方面的学者近些年来都在积极挖掘整理、考据马克思主义的有关历史文献，使得马克思主义经典文本考据研究逐渐成为

“显学”。自2004年中央马克思主义理论研究和建设工程实施以来，培养了一支老、中、青结合的马克思主义学术队伍。各个大学马克思主义学院相继建立，各级社会科学院的马克思主义研究机构日益建立和完善，党和政府、军队研究机构里马克思主义理论研究队伍不断扩大，社会思想文化界对马克思主义理论的研究、宣传和普及工作在加强，这些都大大加速了马克思主义学术队伍培养和学科建设的步伐。特别是近年来，一批优秀的中青年马克思主义学者茁壮成长。他们思维敏捷，年富力强，外语水平很高，知识结构新颖，研究方法现代，不仅能够借鉴中国传统的考据方法，也能够借鉴西方解释学方法等进行研究，越来越具备了中外比较研究、历史比较研究的能力，由此，成为经典文本考据研究的中坚力量。

四是当今发达的信息技术为我们查找、收集、研究经典文本文献提供了快捷便利的条件。进行深入的经典文献考证，需要掌握大量国内外文献资料。比如要用到马克思手稿，而原始手稿的大约三分之二珍藏在荷兰皇家科学院国际社会历史研究所档案馆，三分之一珍藏在俄罗斯国家社会政治史档案馆；要考证经典文本的翻译，还会用到日文版经典著作文本，而这些大多珍藏在日本，个别文本分散珍藏在我国各地的图书馆。要大量使用这些资料在过去几乎是不可能的，但是在今天，通过网络信息技术，就可以比较好地解决这些问题。再者，随着我国现代化事业的推进，我们的经济实力越来越强，在马克思主义经典文本研究方面的投入越来越多。这些物质力量的增强为我们开展这样大规模的整理编纂工作提供了保障。

总体而言，经过马克思主义学界同仁的长期努力，中国已经成为当今世界最大的马克思主义经典著作翻译和研究国家。特别是近些年来，我国学者关于经典文本考据研究的理念越来越新、成果越来越多、队伍越来越强、保障条件越来越好。随着马克思主义学院的建立，马克思主义理论教学和科研工作越来越受到重视，学科体系建设越来越完善，我们的研究成果也越来越有用武之地。这些都为我们深入开展大规模的经典文献整理和研究提供了现实可能性。

四、“马克思主义经典文献传播通考”丛书编写的思路和原则

马克思主义经典著作是学习和研究马克思主义理论的基础文本，历来为人们所重视。在我国马克思主义传播史上，曾经翻译出版过很多种经典著作的中文本。比如，《共产党宣言》总共有至少12个完整的中文译本；《资本论》在1949年以前也有好几个中文译本。这样说来，光是1949年以前翻译出版的经典著作文本或专题文献文本就有上百种。这些不同的中文译本反映了中国人在不同历史时期对马克思主义经典著作理解的不同水平。

编辑这套丛书的直接目的，是要把1949年以前的主要经典著作文本原汁原味地编辑整理出来，并作适当的考证说明，供大家作深入的历史比较研究、国际比较研究之用；从更长远的目的看，是要为建构完整的中国马克思主义典藏体系、学术体系、话语体系乃至为建构现代中华文化体系做一些基础性工作；最终目的，则是要通过历史比较，总结经验，澄清是非，廓清思想，统一认识，破除对马克思主义错误的或教条

式的理解，全面而准确地把握马克思主义理论精髓，弘扬马克思主义精神，继承马克思主义理论，在此基础上深化对中国化马克思主义的理解和研究，为推进当代中国马克思主义、21世纪马克思主义，确保科学社会主义伟大事业长久发展提供科学的理论支撑。

本丛书体现如下特点，这也是丛书编写工作所力求遵循的原则：第一，体现历史性和系统性。本丛书主要收集1949年以前的经典著作中文译本，对1949年以后个别学者的译本也适当收入。中华人民共和国成立后由中央编译局翻译出版的经典著作，由于各大图书馆都可以查到，且各种译本变化不大，故不在收录范围。对所收集的历史文献力求系统、完整，尽可能收集齐全1949年以前经典著作的各种译本，按照历史顺序进行编排。对同一译本的不同版本，尽可能收集比较早且完整的版本。对特别重要的片段译文作为附录收入。第二，突出文献性和考证性。力求原汁原味地反映各种经典著作的历史风貌。为此，采取影印形式，将经典著作的文本完整地呈现给读者。同时，要对文本的情况进行适当的考证研究，包括对原著者、译者、该译本依据的原文本、译本翻译出版和传播的情况及其影响等作出科学说明。这些考证研究要有充分的史料根据，经得起历史检验。要力求充分反映国内外有关研究成果，特别是要充分反映我国改革开放以来在经典著作文本、版本研究方面所发现的新文献、取得的新成果。第三，力求权威性和准确性。一方面，所收集的经典著作文本力求具有权威性和准确性。力求收集在当时具有权威性的机构出版的、质量最高的经典译本，避免采用后人翻印的、文字错误较多的文本。另一方面，考证分析所依据的其他文献资料，也力求具有权威性和准确性。要选择国内外在该研究领域最具权威性的专家学者的最具代表性的观点和最有影响力的文章。再者，对文本有关问题的阐述，比如，对人名、地名、术语变化的说明，或对错字、漏字等印刷错误的说明等，要具有权威性和准确性。第四，力求做到史论结合、论从史出。本丛书的主要任务是对经典文本以及相关问题进行历史性的考证梳理，但考证不是目的，而是手段，根本目的还是要深化对马克思主义基本理论和基本观点的全面的、准确的理解，并最终用以指导实践。所以，在考证研究的同时，要始终牢记最终目标，以便从历史文献的分析研究中得出令人信服的科学结论。所以，在每一经典文本的考证说明中，都既要说明经典文本文献的来龙去脉以及考证梳理的情况，又要从中得出若干具有启发性的结论，以帮助读者正确认识经典著作中的有关重要思想，特别是要在统一认识、消除无谓争论上下功夫。这样，该丛书就不仅能够为读者提供原始的经典著作文本文献，还能够为读者进一步研究这些文本提供尽可能丰富的、具有权威性和准确性的相关文献资料，并提供尽可能中肯的观点和方法，从而能够使丛书成为马克思主义典藏的重要组成部分而流芳后世。

基于上述考虑，本丛书采取大致统一的编写框架。除导言外，各个读本均由四个部分组成。一是原著考证部分，其中包括对原著的作者、写作、文本主要内容、文本的出版与传播情况的考证性介绍；二是译本考证部分，包括对译本的译者、翻译过程、译本主要特点、译本的出版和传播情况的考证梳理；三是译文考订部分，包括对译文的质量进行总体评价，对有关重要术语进行比较说明，对错误译文、错误术语或错误印刷进行查考、辨析和校正性说明；四是原译文影印部分，主要收入完整的原著译本，同时作为附录适当收入前人关于该书的片段译文。

通过这样的考证研究，力求凸显这套丛书的编辑思路，即对经典著作的文本、版本有一个建立在考据研究基础上的总体性认识。每一本书都要能够回答这样一些问题：如这本书是什么，它在马克思主义发展史上的地位如何，它在世界上的传播情况怎样，它是什么时候传播到中国的；该中文本的译者是谁，译本的版本、传播、影响、收藏情况怎样；该译本中的重要概念是如何演化的，中国人对这些概念的理解过程怎样，对我们今天的理论研究和实践探索特别是对解决今天有关重大理论问题的争论有何启示，等等。这些问题回答好了，就能够帮助读者更深入地理解经典著作中的思想观点，并能够从文本的历史比较、国际比较中把握中国化马克思主义发展的思想历程，从而为进一步深化马克思主义理论研究提供深厚的思想资源和学理支撑。

“日月光华，旦复旦兮。”我们是怀着一种迎接中华民族伟大复兴的历史使命感、对马克思主义学术文化的深深敬畏之情来做这项工作的。一是敬畏经典。近百年来，为振兴中华民族，为推进中国思想文化的现代化，无数志士仁人历经千辛万苦把马克思主义真经取回来，并通过翻译研究形成了汗牛充栋的马克思主义经典文献，由此奠定了中国现代文化的典藏基础，为实现中华文化从传统形态向现代形态转化作出了巨大贡献。我们面前的这些文献，正是在马克思主义传播过程中形成的“马藏”中的重要经典文本。拂去历史尘埃，整理、考证和再现这些经典文献的历史原貌，发掘其中的深厚文化意蕴，敬畏之心油然而生。能够通过我们的工作使这些闪耀着历史光芒的典籍和伟大思想更好地传承下去，为中国现代文化体系的建设打下坚实的典藏基础，正是本丛书作者和编者的共同期愿所在。二是敬畏先驱。近百年来，一代又一代翻译家和理论家薪火相传，把马克思主义经典引进中国，特别是在民主革命时期，很多翻译工作是在十分困难和危险的条件下进行的，有不少先辈为此贡献了一生乃至宝贵生命。他们的事迹可歌可泣，他们的艰辛堪比大唐圣僧玄奘西天取经，他们的历史功绩和伟大精神将在历史的天空熠熠生辉！能够通过我们的这项工作，让一代代后人记住这些历史人物和历史故事并将先辈们的宝贵精神传承下去，我们将备感荣幸。三是敬畏责任。面对百年来形成的浩如烟海的马克思主义经典文献需要研究整理，面对百年来一批批可敬可爱的译介者需要研究介绍，面对百年来马克思主义中国化的伟大历程需要梳理继承，我们需要做的工作太多太多。由此，不论是作者还是编者，都不能不对自己所从事的这项工作产生出由衷的敬畏之情。唯有通过努力，精心整理好这些文献，为最终形成完整的中国特色马克思主义典藏体系作一点贡献，为马克思主义学说在中国乃至世界千秋万代薪火相传做一点铺路工作，才能告慰马克思主义经典作家，告慰这些理论先驱和翻译巨匠们！

2018年是马克思诞辰200周年，《共产党宣言》发表170周年；2019年是中国先进分子自觉选择马克思主义作为观察中国和世界命运之思想武器100周年；2020年是《共产党宣言》第一个完整的中文译本问世100周年；2021年是中国共产党成立100周年，这一个个光辉的历史节点展现出马克思主义在中国发展的强大生命力。在这个新时代的新时期，陆续出版大型丛书“马克思主义经典文献传播通考”，对推进马克思主义理论研究和建设工作，有着特殊重要的意义。

需要说明的是，对于经典文本的研究，往往会有仁者见仁、智者见智的情况。所以，尽管我们在组织编写工作中努力体现上述编写思路、原则和精神，书中的观点也不一定都很成熟，不可能与每一位读者的观点完全一致。加之每位作者研究角度不同，水平各异，每一本书的结构、篇章、内容、观点都不尽相同，其权威性也不尽一致，其中很可能有疏漏和错误之处，谨请读者批评指正。

该丛书在设计、编写和出版过程中，得到了各方面的大力支持。清华大学马克思主义学院将这项工作列入重要议事日程，作为该院马克思主义传播史研究中心重大项目，艾四林院长以及各位同事对此项工作给予大力支持。中共中央党史和文献研究院（中央编译局）十分重视对马克思主义传播史的研究，对此项研究给予各个方面的支持。国家出版基金将该丛书列入资助项目，辽宁省委宣传部将此项目列入文化精品扶持项目。辽宁出版集团和辽宁人民出版社在丛书的选题策划和编辑出版中做了大量工作。在编写过程中，中共中央党史和文献研究院（中央编译局）信息资料馆、国家图书馆、上海图书馆、清华大学图书馆、北京大学图书馆、国家博物馆等单位给予鼎力支持。本丛书中汲取了我国学者大量的研究成果。该项目顾问、我国马克思主义理论界德高望重的陈先达教授、赵家祥教授等专家对丛书的编写工作给予热情指导，编委会成员和各位作者为丛书的编写付出了辛勤劳动。

谨在此一并致以衷心的谢意！

杨金海

2019年5月5日于清华大学善斋

目录

CONTENTS

001 总　序 / 杨金海

001 导　言

007 《法兰西内战》原版考释

008 一、写作及出版背景

013 二、写作和传播

022 三、内容简介

033 《法兰西内战》吴黎平、刘云译本考释

034 一、译介背景

035 二、译者介绍

038 三、编译过程及出版情况

043 《法兰西内战》吴黎平、刘云译本译文解析

044 一、译文对照与考释

052 二、观点疏正

059 结　语

061 参考文献

063 原版书影印

224 后　记

导言

马克思在1871年巴黎公社失败两天之后，以国际工人协会总委员会的名义向欧美各分会发表了有关法兰西内战问题的宣言，这就是马克思的名著《法兰西内战》。

与《法兰西内战》一文相关的是在法国发生的历时两个多月的巴黎公社事件。由于普法战争以法国的失败而告终，大量的法国军队被俘，因抵抗普鲁士入侵武装起来的巴黎人民在这两个多月的时间里自发组织起来，建立了一个从上到下完全自治的政治组织——巴黎公社。公社取消了征兵制和常备军，实行从上到下的普选制度，政府和司法系统以及其他部门的公务人员全部由普选产生，对选民负责，并且可以随时罢免。而且，公务人员的工资要受到限制，不能高于一般劳动者的平均工资；在经济上，“公社下令，对被厂主停工的工厂进行登记，并制订计划：把这些工厂的原有工人联合成合作社以开工生产，同时还要把这些合作社组成一个大的联社”①。这就是著名的公社体制。马克思在高度赞扬巴黎公社人民的英勇无畏的斗争精神的同时，高度评价了这个公社体制。称其打碎了传统的国家机器，建立了一种“无产阶级专政”的新的政权形式，是一种真正的民主政治形式。

马克思、恩格斯在1872年6月24日为《共产党宣言》德文版写的序言中指出：“由于首先有了二月革命的实际经验而后来尤其是有了无产

---

①《马克思恩格斯文集》第三卷，人民出版社2009年版，第105页。

阶级第一次掌握政权达两月之久的巴黎公社的实际经验，所以这个纲领现在有些地方已经过时了。特别是公社已经证明：'工人阶级不能简单地掌握现成的国家机器，并运用它来达到自己的目的。'"[①]更重要的是，当马克思去世之后，在恩格斯不得不一个人于1888年1月30日为《共产党宣言》撰写英文版序言时，再次把这句话原封不动地引用了一遍，足见巴黎公社体制对于他们的思想和理论的重要意义。

在纪念巴黎公社成立20周年时，恩格斯就马克思的《法兰西内战》中的叙述作了重要的补充，尤其是就打碎旧的国家机器和无产阶级专政问题作了历史性的补充论述。恩格斯写道："公社一开始想必就认识到，工人阶级一旦取得统治权，就不能继续运用旧的国家机器来进行管理；工人阶级为了不致失去刚刚争得的统治，一方面应当铲除全部旧的、一直被利用来反对工人阶级的压迫机器，另一方面还应当保证本身能够防范自己的代表和官吏，即宣布他们毫无例外地可以随时撤换。以往国家的特征是什么呢？社会为了维护共同的利益，最初通过简单的分工建立了一些特殊的机关。但是，随着时间的推移，这些机关——为首的是国家政权——为了追求自己的特殊利益，从社会的公仆变成了社会的主人。"[②]

"为了防止国家和国家机关由社会公仆变为社会主人——这种现象在至今所有的国家中都是不可避免的——公社采取了两个可靠的办法。第一，它把行政、司法和国民教育方面的一切职位交给由普选选出的人担任，而且规定选举者可以随时撤换被选举者。第二，它对所有公职人

① 《马克思恩格斯文集》第二卷，人民出版社2009年版，第5—6页。

② 《马克思恩格斯文集》第三卷，人民出版社2009年版，第110页。

员，不论职位高低，都只付给跟其他工人同样的工资。公社所曾付过的最高薪金是6000法郎。这样，即使公社没有另外给代表机构的代表签发限权委托书，也能可靠地防止人们去追求升官发财了。”恩格斯把这里的两项民主举措称为“打碎旧的国家机器”。恩格斯紧接着写道：“这种打碎旧的国家政权而以新的真正民主的国家政权来代替的情形，《内战》第三章已经作了详细的描述。”①

不仅如此，恩格斯还把这种真正民主意义上的、打碎旧式国家机器或政权的公社体制称为“无产阶级专政”。恩格斯紧接着上面的话写道：“近来，社会民主党的庸人又是一听到无产阶级专政这个词就吓出一身冷汗。好吧，先生们，你们想知道无产阶级专政是什么样子吗？请看巴黎公社。这就是无产阶级专政。”②

这些重要的有关未来社会的政治经济蓝图，马克思和恩格斯几乎都是通过公社体制表述出来的。不仅如此，这些观念后来引起了一次又一次的研究和争论，这都证明了这些文件的重要性。列宁在领导俄国的社会主义革命和建设时期也花了很多的时间和精力来研究、修改和发展这里提出的各种理论和思想，从而赢得了党内多数人的支持，在经济政治都比较落后的东方取得十月革命和世界社会主义运动在20世纪上半叶的辉煌胜利。

马克思的《法兰西内战》对于中国取得社会主义的胜利也同样具有十分重要的意义。延安时期的中国共产党的领袖们，包括毛泽东、刘少奇、张闻天等，都对这部著作给予了极大的重视。全国解放以后，《法

① 《马克思恩格斯文集》第三卷，人民出版社2009年版，第110—111页。
② 《马克思恩格斯文集》第三卷，人民出版社2009年版，第111—112页。

兰西内战》也一直被规定为党的领导干部的必读书目，其中的民主政治思想也一直是中国特色社会主义政治体制设计和安排的重要理论参照。中国特色社会主义进入新时代，这本书中所提出的理论和思想，更是值得我们去研究、对比和借鉴。我们在一个曾贫穷落后的东方国家取得了社会主义革命的胜利并建立了社会主义的共和国。在进入新时代的今天，特别是在已经相对富裕起来的中国，重新研读这部划时代的伟大著作，仍然具有十分重要的现实意义。

《法兰西内战》原版考释

一、写作及出版背景

巴黎公社是法国劳动者阶级在1871年3月18日革命后建立的工人革命政府，也是人类历史上第一个无产阶级政权。著名的巴黎公社革命，是在法国同普鲁士之间爆发战争、民族矛盾和阶级矛盾极端激化的情况下产生的，是一次历史的必然选择。其中的故事在今天看来依然具有十分重要的现实意义。

1870年7月，法兰西第二帝国皇帝路易·波拿巴（即拿破仑三世）为争夺欧洲霸权，发动了对普鲁士的战争（普法战争），结果遭到了可耻的失败，连皇帝本人也成了普鲁士的俘虏。9月4日，巴黎爆发了革命，第二帝国被推翻，法兰西第三共和国宣告成立，建立了资产阶级国防政府。当时普军侵占了法国三分之一以上的领土，10万普军直逼巴黎。政府军的无能和普鲁士军队的入侵激起了巴黎人民的爱国热情。巴黎市民奋起抗战。他们首先在9月中旬建立了20区警备委员会，监督政府的活动；后又在此基础上成立了巴黎20区国防共和中央委员会，反对普鲁士军队的侵略，保卫共和制度。20区中央委员会向国防政府提出：在普军占领法国领土时不得同它进行停战谈判；撤销旧的警察局，将它的权力移交给由选举产生的区政府；改善人民生活必需品的供应工作；选举作为自治机关的公社等要求。另外，巴黎市民为了保卫首都，拯救法兰西，冲破国防政府的种种限制，在9月5日以后的三个星期内，组成了194个国民自卫军的新营，使得以工人为主体的国民自卫军在三个星期里就发展壮大到约30万人。他们还购置了数百门大炮，成为巴黎真正的保卫者。

当时法国的国防政府害怕工人武装更甚于害怕普鲁士军队，它在镇压了巴黎人民的两次武装起义后，于1871年1月28日同普鲁士签订了《停战和巴黎投降协定》。《投降协定》规定，法国正规军应当全部解除武装，法国必须在10天内召开国民议会正式批准普鲁士提出的协约草案。2月12日，遵照《投降协定》的要求选出的国民议会在波尔多开幕。2月17日，成立了以梯也尔为总理的正式政府。2月26日，梯也尔同俾斯麦签订临时和约，把法国的阿尔萨斯和洛林东部割让给普鲁士，并赔款50亿法郎。3月1日，波尔多会议正式批准和约草案和停战协定，结束了普法战争。与此同时，梯也尔政府开始反过来勾结普鲁士政府，策划和实施了一系列的阴谋挑动内战和解除巴黎工人武装的活动。

梯也尔政府的进攻迫使巴黎工人阶级把推翻资产阶级反动统治和建立革命公社的任务提上了日程。早在2月19日，20区中央委员会就发出了《原则宣言》，号召“用一切可能的手段来消灭资产阶级的特权，废除它作为领导等级的地位，让劳动者登上政治舞台”。《宣言》还宣布只承认公社，革命的公社是巴黎的政权。2月15日，国民自卫军召开代表会议，决定成立国民自卫军联合会。3月15日，由国民自卫军251个营队的代表选出的由40名委员组成的国民自卫军中央委员会正式成立。在它的领导下，国民自卫军和巴黎工人投入了紧张的战斗准备。

梯也尔政府对人民的武装感到无比恐惧，决心扑灭这场革命的烈火。也是在3月15日这一天，梯也尔本人亲自来到巴黎进行策划，在他主持的内阁会议上决定发动武装偷袭，夺取国民自卫军的大炮，逮捕中央委员会成员。

3月18日凌晨3时，梯也尔下令政府军偷袭国民自卫军在巴黎市区北部蒙马特尔高地的停炮场，企图用武力夺取大炮，一举解除工人的全部武装。在这紧急关头，巴黎的国民自卫军战士以及妇女、儿童、老人一齐拥向高地，把士兵包围起来，粉碎了梯也尔的偷袭阴谋。傍晚，梯也尔率领残兵败将仓皇逃到了凡尔赛。国民自卫军于当晚占领了市政厅、陆军部、警察局以及一切政府机关，将红旗插上了巴黎市政厅的上空。这标志着巴黎的劳动者阶级终于用革命的武装推翻了资产阶级的卖国政府，夺取了政权。

巴黎公社革命取得了胜利，国民自卫军中央委员会成为实际上的临时革命政府。国民自卫军中央委员会在领导3月18日的起义取得胜利后，于第二天做出重要决议，命令国民自卫军营队分别进驻财政部、内政部、陆军部等重要政府机关，同时任命了中央委员会驻各部的代表。3月22日，中央委员会通过决议，“凡目前在巴黎的士兵一律编入国民自卫军”；随后又采取强硬措施，解除了旧政府的武装，解散了少数资产阶级营队。这就是在实际上取消了常备军、警察和宪兵制度，国民自卫军成为新的无产阶级政权的基础。中央委员会的这些重大决策，为摧毁资产阶级的国家机器、建立无产阶级的新型社会制度奠定了基础。

3月26日，巴黎人民进行了公社委员的选举。28日，新当选的公社委员朗维埃庄严宣布：“我以人民的名义，宣告公社成立!”

巴黎公社成立后的两个月里施行了许多具有深远影响的重大措施：宣布公社委员会是取代旧政府的唯一政权，新建10个委员会（执行、军事、财政、司法、治安、劳动与交换、粮食、教育、社会服务、对外联络）以取代过去政府的各部；取消征兵制和常备军，宣布以工人为主体的国民自卫军是唯一的武装力量；实行民主选举与群众监督相结合的民主制度；废除高薪，实行兼职不兼薪的制度。公社还颁布了一系列保护劳工的法令。这些措施为社会主义政权建设提供了宝贵经验，丰富和发展了科学社会主义理论。

巴黎公社社员墙

马克思指出，“公社的真正秘密就在于：它实质上是工人阶级的政府”。

公社把自己的斗争看作国际性的事业，宣告“公社的旗帜是世界共和国的旗帜”。公社团结了许多国家的侨民为共同事业并肩战斗。波兰人、意大利人、比利时人组成侨民兵团。参加保卫公社的波兰人多达五六百人，其中有将领东布罗夫斯基和符卢

巴黎公社掌权期间摧毁旺多姆圆柱

勃列夫斯基等。5月6日，公社拆毁象征沙文主义和民族压迫的“旺多姆圆柱”，将旺多姆广场改名国际广场。巴黎公社革命体现了工人阶级的国际主义精神。

旺多姆圆柱又称凯旋柱。它是为了纪念拿破仑的战功，于1806—1810年在巴黎旺多姆广场修建的。整个圆柱全部用缴获的武器上的青铜制成，顶上有一座拿破仑铸像，铸像在复辟时期被取下，但在1833年又被重新复原。1871年根据巴黎公社的决议，旺多姆圆柱作为军国主义的象征被推倒。1875年圆柱又被资产阶级政府修复。

巴黎飘扬着的工人阶级革命红旗，是对旧世界的致命威胁。梯也尔政府在凡尔赛纠集武装力量，并勾结普鲁士军队于5月21日攻入巴黎市区。英勇的巴黎工人筑起街垒进行武装抵抗，开始了历史上称为“五月流血周”的激烈巷战。5月28日凌晨，巴黎公社战士弹尽粮绝，最后的147名社员在拉雪兹神父公墓东北角的墙下全部被反动军队屠杀。拉雪兹神父公墓的这段墙被后人称为“巴黎公社战士墙”，它是巴黎公社精神的永恒历史见证。凡尔赛军对巴黎人民实行血腥大屠杀，据统计，公社战士共有7.29万人在作战中牺牲，2.98万人被枪杀，6万多人被投入监狱或流放。巴黎公社革命是法国无产阶级自发进行的一场革命，第一国际并没有直接促使公社诞生，而是以其思想和影响孕育了公社革命。国民自卫军中央委员会的40名成员中半数以上是国际成员。当选的81名公社委员中有36名国际成员。除了某些重大失误，公社所采取的重大措施，尤其是社会经济措施，都与国际的原则相符合。

二、写作和传播

1.《法兰西内战》的写作和早期传播

马克思和恩格斯始终热情地关心巴黎劳动者阶级的斗争，高度赞扬巴黎工人的英雄气概和革命首创精神。他们在伦敦尽一切可能与巴黎公社取得联系，给予支持和帮助。马克思亲自给了巴黎公社许多宝贵的指示，并且给第一国际各支部发出了数百封信，号召各国工人援助巴黎公社。公社革命期间，国际总委员会共举行7次会议，主要讨论公社问题。马克思还与公社委员弗兰克尔·莱奥、瓦尔兰建立了通信联系。公社失败后，第一国际及其各国支部强烈抗议反动派镇压公社，谴责梯也尔政府的暴行，发动营救、支援和救济公社流亡者的活动。在5月28日凌晨巴黎公社最后的147名社员于拉雪兹神父公墓东北角的墙下全部被反动军队屠杀的第三天，即5月30日，马克思就在第一国际总委员会会议上宣读了他的著名著作《法兰西内战》，全面论述了巴黎公社的丰功伟绩，总结了巴黎公社的经验和教训。马克思指出："工人阶级不能简单地掌握现成的国家机器，并运用它来达到自己的目的。"

《法兰西内战》是马克思起草的国际工人协会总委员会致欧洲和美国全体会员的一篇宣言，科学共产主义的最重要著作之一。它根据巴黎公社的经验，进一步发展了马克思主义关于阶级斗争、国家、革命和无产阶级专政的学说的基本原理。

巴黎公社一宣布成立，马克思就开始细心收集和研究所有关于公社活动的消息，如当时能够收集到的法国、英国、德国报刊的材料，巴黎来信提供的情况，等等。最初，马克思曾在1871年3月28日总委员会会议上提出发表一篇告巴黎工人的宣言，这项建议被一致通过，但后来，巴黎形势的发展使他意识到，应该向全世界无产阶级发出呼吁，于是马克思在1871年4月18日的总委员会会议上，建议就法国“斗争的总趋向”发表一篇告国际全体会员的宣言。总委员会委托马克思起草这一宣言。4月18日后，马克思开始进行这项工作，一直继续到5月底。他先写了《法兰西内战》的初稿和二稿[①]，从5月6日起着手宣言的定稿工作。1871年5月30日，即巴黎最后一个街垒陷落的两天以后，总委员会一致批准了马克思宣读的《法兰西内战》的定稿文本。随后，马克思又对这一宣言的第四部分的某些段落作了补充和加工。

《法兰西内战》最初于1871年6月13日左右在伦敦用英文印成35页的小册子发表，印数1000份。1871年6月27日，马克思向总委员会报告说，第1版已销售一空，并建议再印2000份。总委员会同意了马克思的建议，不久便出了英文第2版，印数2000份。与此同时《法兰西内战》还由爱·特鲁拉夫于1871年7月1日以传单的形式发行。马克思和恩格斯一起在第2版正文中改动了几处，更正了第1版的几个印刷错误，并增补了附录的第二部分。《国际工人协会总委员会宣言》的署名作了如下变动：去掉工联主义者本·鲁克拉夫特和乔·奥哲尔的名字(他们在资产阶级报刊上表示不同意《宣言》，并退出了总委员会)，增加了总委员会新成员的名字。1871年7月25日马克思向总委员会通报

① 《马克思恩格斯全集》第十七卷人民出版社1963年版，第533—662页；该卷第87—122页载有初稿和二稿摘录。

说，第2版又已脱销。总委员会根据恩格斯的提议，于1871年8月初出了《法兰西内战》英文第3版，印数1000份，马克思在这一版中删去了前两版中个别不确切的地方。

1871—1872年，《法兰西内战》被译成法文、德文、俄文、意大利文、西班牙文、荷兰文、弗拉芒文、塞尔维亚—克罗地亚文、丹麦文以及波兰文，在欧洲各国和美国的期刊上发表，同时还出了单行本。

德译文是由恩格斯翻译的，1871年6—7月发表于《人民国家报》（6月28日，7月1、5、8、12、16、19、22、26和29日，第52—61号），1871年8—10月在《先驱》杂志上摘要发表，此外，还在莱比锡出版了单行本。恩格斯在翻译时作了几处不大的改动。1876年，为了纪念巴黎公社成立5周年，出版了《法兰西内战》的新德文本，对文字作了一些订正。

1891年，为迎接巴黎公社成立20周年而准备出《法兰西内战》的德文第3版（纪念版）时，恩格斯重新校订了译文，并为该版写了导言。恩格斯把马克思写的国际工人协会总委员会关于普法战争的第一篇和第二篇宣言收进了这一版。此后在各种文字的单行本中，导言和两篇宣言也都与《法兰西内战》一起刊印。

《法兰西内战》的法译文于1871年7月6日至9月3日在布鲁塞尔的《国际报》上刊出，同年8月3日至10月21日在日内瓦的《平等报》上刊出。1872年在布鲁塞尔根据英文第3版翻译出版了法文版单行本，马克思校订过译文，并作了大量修改，把某些段落重新译过。

2.《国际工人协会总委员会关于普法战争的第一篇宣言》的写作和早期传播

《国际工人协会总委员会关于普法战争的第一篇宣言》是马克思在1870年7月19—23日写成的。1870年7月19日，即普法战争爆发的当天，总委员会委托马克思起草关于这次战争的宣言。宣言在7月23日的总委员会常委会上通过，在1870年7月26日的总委员会会议上被一致批准。宣言首先用英文刊登在伦敦1870年7月28日《派尔—麦尔新闻》第1702号上，几天以后以传单的形式印行了1000份。英国的许多地方报纸也全文或摘要转载了宣言。宣言曾送交《泰晤士报》编辑部，但该报拒绝发表。

鉴于宣言的第1版很快就脱销，1870年8月2日总委员会决定再增印1000份。同年9月，第一篇宣言又和总委员会关于普法战争的第二篇宣言一起用英文再版；马克思在这一版中更正了第一篇宣言在第1版中的几个印刷错误。

8月9日，总委员会成立了一个委员会，负责把第一篇宣言翻译成德文和法文并加以传播。参加这个委员会的有：马克思、荣克、赛拉叶和埃卡留斯。宣言由威·李卜克内西翻译成德文，首次发表在1870年8月7日莱比锡《人民国家报》第63号上。马克思得到宣言的这个德译文之后，对译文作了彻底的加工，对几乎全文的一半重新进行了翻译。宣言的新的德译文刊登在1870年8月《先驱》杂志第8期上，同时还印成传单，随后，还发表在8月12日纽约《工人联合报》、8月13日苏黎世《哨兵报》第26号、8月13日维也纳《人民意志报》第26号以及8月21

日奥格斯堡《无产者报》第56号上。1891年纪念巴黎公社成立20周年的时候，恩格斯在柏林《前进报》的出版社出版的《法兰西内战》德文版上刊出了总委员会关于普法战争的第一篇宣言和第二篇宣言，这两篇宣言的译者是路易莎·考茨基夫人，恩格斯对译文进行了校订。

总委员会关于普法战争的第一篇宣言用法文发表在1870年8月6日日内瓦《平等报》第28号、1870年8月7日布鲁塞尔《国际报》第82号和1870年8月7日韦尔维耶《米拉波报》第55号上。宣言还由总委员会所设委员会译成法文印成传单。第一篇宣言于1870年8—9月首次用俄文发表在日内瓦出版的《人民事业》第6—7期上。

3.《国际工人协会总委员会关于普法战争的第二篇宣言》的写作和早期传播

《国际工人协会总委员会关于普法战争的第二篇宣言》是马克思在1870年9月6—9日写成的。1870年9月6日，国际总委员会研究了由于第二帝国崩溃及普法战争进入一个新阶段而形成的新局势，决定就普法战争发表第二篇宣言。为此，成立了一个起草委员会，其成员有马克思、荣克、米尔纳和赛拉叶。

马克思起草这篇宣言时，利用了恩格斯寄给他的各种材料，这些材料揭露了普鲁士军阀、容克（地主）和资产阶级借口军事战略上的需要而并吞法国领土的野心。总委员会在1870年9月9日召开专门会议，一致通过了马克思起草的这一宣言。宣言被分送到伦敦各资产阶级报纸，这些报纸却采取沉默态度，只有《派尔—麦尔新闻》在1870年9月16日摘要刊登了宣言。9月11—13日宣言用英文以传单的形式印行1000份。

9月底又出版了将第一篇和第二篇宣言印在一起的新版本。这一版改正了第1版的几个印刷错误，也对个别段落的文字作了修改。

第二篇宣言的德文本是由马克思翻译的，他在翻译时删去了个别段落，增加了几句专门针对德国工人说的话。第二篇宣言的这个译本发表在1870年10—11月《先驱》杂志第10—11期、1870年10月8日维也纳《人民意志报》第37号以及1870年10月1日苏黎世《哨兵报》第33号上，同时还以传单的形式在日内瓦印行。1891年，恩格斯在《法兰西内战》的德文第3版中刊出了第二篇宣言，为该版翻译第二篇宣言的是路易莎·考茨基夫人，恩格斯对译文进行了校订。

第二篇宣言的法译文载于1870年10月23日《国际报》第93号和12月4日的第99号、1870年9月21日《波尔多论坛报》，并以节译的形式载于1870年10月4日《平等报》第35号，此外，这篇宣言还用弗拉芒文发表于1872年10月16日和24日安特卫普《工人报》第51号和52号。

4. 恩格斯写于1891年的导言的传播

这篇导言是恩格斯为柏林《前进报》的出版社在1891年巴黎公社20周年纪念日出版的马克思的著作《法兰西内战》德文第3版（纪念版）而写的。恩格斯在这篇导言中指出了巴黎公社的经验以及马克思在《法兰西内战》中对这些经验所作的理论概括的历史意义，同时也对巴黎公社的历史，其中包括参加公社的布朗基派和蒲鲁东派的活动，作了一系列补充。

最初，恩格斯的导言经他本人同意以《论法兰西内战》为标题发表在1890—1891年《新时代》杂志第2年卷第28期上。发表时，编辑部把原稿最后一段中“社会民主党的庸人”一语改成了“德国的庸人”。从理·费舍1891年3月17日给恩格斯的信可以看出，恩格斯对这种任意改动是不同意的，但是，大概为了使自己的著作在同一时期发表的几种文本不出现异文，他在单行本中仍保留了改换的字眼。本卷恢复了恩格斯原稿的用语。

5.《法兰西内战》在中国的传播

《法兰西内战》第一个中文版本是抗日战争时期的1938年11月由吴黎平、刘云（张闻天）合译，延安解放社出版的。该书共收入了6篇文章，其中包括恩格斯写的序言，马克思写的两篇《国际工人协会总委员会关于普法战争的宣言》和一篇《国际工人协会总委员会关于法兰西内战的宣言》，同时还收进了马克思致顾格曼论巴黎公社的信和列宁在《马克思致顾格曼书信集》俄译本中论巴黎公社的文章。同年11月，该版本又由延安解放社作为“马克思恩格斯丛书”重印。重印时改为横排版式并将注释改为脚注，由新知书店发行。1939年2月，重庆新华日报馆又把解放社的版本重印，在大后方广泛发行。同年，上海金星书店出版了由郭和翻译的另一个版本。

解放战争时期，《法兰西内战》在解放区和国统区都有流传。1946年5月，生活书店把该书作为“世界学术译丛”之一出版，同时在时为国统区的上海和重庆两地发行。在解放区，解放社重新出版了10年前的版本，1948年交由华北新华书店发行。1949年3月，东北生活书店把该书作为“马列文库之九”出版，由新中国书局（光华书店）发行。

人民出版社重新成立后，1954年11月根据1948年8月解放社的版本重印，出版了小32开本，在全国各地发行。1958年8月又重印了一次。

1961年5月，中共中央编译局为了纪念巴黎公社成立90周年编译出版了《马恩列斯论巴黎公社》，其中所收的《法兰西内战》有4篇文章是在莫斯科外国文书籍出版局出版的《马克思恩格斯文选》（两卷集）第一卷译文的基础上根据新出版的《马克思恩格斯全集》俄文第2版第十七卷，参照英文本和德文本加以修改，并在校改过程中个别地方参考了吴黎平、刘云的译文。书中还收进了由张芝联、张广达根据《马克思恩格斯文库》1934年第三（八）卷的英文版译出的马克思写作《法兰西内战》一文时的两个草稿，即初稿和二稿，由新华书店向全国发行。人民出版社于1961年5月还根据《马恩列斯论巴黎公社》中的译文，同时排印出版了《法兰西内战》大32开、横排的单行本，是为北京初版。当年印行了5000册，1962年再次加印了10080册。

1963年11月，中共中央编译局根据俄文版编译出版的《马克思恩格斯全集》第十七卷中收进了马克思写的关于普法战争的两个宣言和《法兰西内战》一文及其两个草稿。其中关于普法战争的两篇宣言和《法兰西内战》一文是在《马克思恩格斯文选》（两卷集）中文版的基础上，根据英文原文校订的；《法兰西内战》初稿、二稿也据英文原文作了校订。1964年5月，人民出版社在《法兰西内战》单行本第4次印刷时又作了改版，除了恩格斯的导言在1961年版译文的基础上根据《马克思恩格斯全集》俄文第2版第二十二卷作了一次校订外，其他几篇译文均按照《马克思恩格斯全集》中文版第十七卷中的译文排印。中共中央编译局的这个版本在《法兰西内战》初稿和二稿前增加了"'法兰西内战’草稿”作为其初稿和二稿的篇名，书中附注释169条。同年6月，人民出版社又根据这个版本出版了此书的16开大字本（共分4册）。

1970年底，《法兰西内战》第2版第5次印刷时中共中央编译局又进行了认真修改，其中恩格斯的序言采用《马克思恩格斯全集》中文版第二十二卷（1965年5月出版发行）的译文。两篇关于普法战争的宣言、《法兰西内战》一文及其两个草稿都据《马克思恩格斯文选》和《马克思恩格斯文库》的英文版编译[①]。

1972年5月，中共中央编译局采用《马克思恩格斯全集》的译文编辑并由人民出版社出版的《马克思恩格斯选集》第二卷，除对《法兰西内战》的初稿和二稿进行了摘录以外，其他各篇（包括恩格斯写的1891年单行本导言）都是全文收录，个别译文经过了重新修订。

1995年6月，中共中央编译局修订出版了《马克思恩格斯选集》第2版，把马克思的《法兰西内战》编入了第三卷，篇幅与第1版一样，译文上作了个别修订。

2009年，中央实施马克思主义理论研究与建设工程，中共中央编译局编辑出版《马克思恩格斯文集》（十卷本），马克思的《法兰西内战》被编入第三卷，篇幅依然保持《马克思恩格斯选集》的内容，但是译文依据文本作了变动。恩格斯写的1891年版导言根据《马克思恩格斯全集》德文版第二十二卷翻译；关于普法战争的两篇宣言则是根据《马克思恩格斯全集》英文版第二十二卷并参考《马克思恩格斯全集》德文版第十七卷翻译；《法兰西内战》正文及其两个草稿（摘录）则是根据

① 周文熙：《〈法兰西内战〉的写作及在中国的翻译和出版》，载《教学与研究》1981年第2期。

《马克思恩格斯全集》历史考证版第一部分第二十二卷，并参考《马克思恩格斯全集》德文版第十七卷翻译。

三、内容简介

如前所述，《法兰西内战》是马克思在巴黎公社失败后的第三天向第一国际总委员会会议宣读的一个由马克思起草的“致协会欧洲和美国全体会员”的《国际工人协会总委员会宣言》（以下简称《宣言》）。《宣言》共分四个部分。

1. 第一部分揭露国防政府及其成员梯也尔、特罗胥等人的可耻历史、叛国行为和残酷镇压巴黎人民的罪恶行径

马克思通过一些公开披露出来的信件和报告等指出，国防政府的主要成员是一些“无耻的骗子”，他们口头上说“巴黎总督是永远不会投降的”（巴黎总督特罗胥），“决不会让出我们的一寸领土，决不会让出我们碉堡上的一块石头”（外交部长法夫尔）。马克思在揭示了这些已经被公布出来的巴黎总督的投降的话后指出：“可见，还在共和国宣告成立的当天晚上，特罗胥的同僚已经知道他的‘计划’就是使巴黎投降。如果国防政府真的不仅仅是梯也尔和法夫尔之流图谋私人统治地位的幌子，那么9月4日一步登天的那些人在9月5日就应该引退，把特罗胥的计划告诉巴黎人民，让他们要么立即投降，要么自己掌握自己的命运。

那些无耻的骗子并没有这样做……”[①]马克思接着揭露了国防政府的官员在私人信件中公开承认他们“防御”的不是普鲁士的士兵，而是巴黎的工人。这就是说，这个所谓的“国防政府”，在大敌当前时，不是防御普鲁士人的进攻，而是把枪口对准巴黎人民，向外敌投降。正如马克思指出的，“到1871年1月28日，骗子们终于丢开了假面具。国防政府投降了，它视极度的自甘屈辱为真正的英雄行为，变成了由俾斯麦的俘虏组成的法国政府——这样一个屈辱的角色，甚至连路易·波拿巴在色当时都未敢承当”[②]。马克思的话使这些投降派的无耻嘴脸暴露无遗。

马克思还从个人品质方面揭露了“国防政府的一些主要成员”，包括国防政府的外交部长茹尔·法夫尔和“自封为共和国的财政部长”的厄内斯特·皮卡尔的丑恶嘴脸。

在揭露了伪国防政府中的总督、财政部长和巴黎市长之后，马克思的如刀之笔的重点转向了它的首相梯也尔。马克思在这里为梯也尔的出场准备了一段非常绝妙的话，不能不摘录下来：“这些人只能够在巴黎变成废墟时得到假释证；他们正好是俾斯麦所需要的人。经过一番重新摆布，一向躲在幕后操纵政府的梯也尔现在成了政府的首脑，而假释犯们则成了部长。”[③]

这是马克思对国防政府几个主要官员人品德行的准确描述：违反法律的罪犯，背叛巴黎人民而倒向普鲁士政府的叛国者，而梯也尔则是他们的首脑。这个梯也尔是一个最典型的背信弃义、出尔反尔的小人。马

① 《马克思恩格斯文集》第三卷，人民出版社2009年版，第132页。
② 《马克思恩格斯文集》第三卷，人民出版社2009年版，第133页。
③ 《马克思恩格斯文集》第三卷，人民出版社2009年版，第135页。

克思对于梯也尔的一段描述不能不让人叫绝。马克思写道：

> 梯也尔这个侏儒怪物，将近半个世纪以来一直受法国资产阶级的倾心崇拜，因为他是这个资产阶级的阶级腐败的最完备的思想代表。还在他成为国家要人以前，他作为一个历史学家就已经显露出说谎才能了。他的政治生涯的记录就是一部法国灾难史。1830年以前，他和共和党人混在一起，在路易-菲力浦统治时代，他背弃了他的恩人拉菲特而谋得了首相的位置。为了献媚于国王，他煽起了平民暴动来反对僧侣，因而使圣日耳曼奥塞鲁瓦教堂和大主教的宅邸遭受了抢劫；并且在对付贝里公爵夫人这件事情上充当了密探大臣和监狱产婆的角色。特朗斯诺南街上屠杀共和党人的事件以及接着颁布的针对新闻出版和结社权利的可憎的九月法令，都是他的杰作。①

马克思接着历数了梯也尔的其他主要罪状。比如，1840年在他再度出任首相时以他修建巴黎防御设施的计划而“震惊了全法国”，因为这个计划被普遍认为是一个危害巴黎自由的恶毒阴谋。马克思接着写道：“梯也尔是一个谋划政治小骗局的专家，一个背信弃义和卖身变节的老手，一个在议会党派斗争中施展细小权术、阴谋诡计和卑鄙伎俩的巨匠；在野时毫不迟疑地鼓吹革命，掌权时毫不迟疑地把革命投入血泊；他只有阶级偏见而没有思想，只有虚荣心而没有良心；他的政治生涯劣

①《马克思恩格斯文集》第三卷，人民出版社2009年版，第135页。

迹昭彰，他的私生活同样为人所不齿——甚至在现在，他处在法兰西之苏拉的位置上，仍难免要以其自吹自擂之可笑衬托出其所作所为之可恨。”[①]马克思对于这位国防政府首相的揭露和控诉真可谓是淋漓尽致。不仅如此，马克思还揭露了梯也尔利用普鲁士的入侵、通过投降活动被选为法国政府的首相。在这方面，这个“最坏的人便是最佳人选”。用梯也尔自己的话，他自己“一向只依靠三种资源：外敌入侵、内战和无政府状态”，把一个政治投机分子的嘴脸暴露无遗。

2. 第二部分论述3月18日事件的经过

梯也尔政府做出了解除巴黎武装的决定。他们制造了一个借口，宣称国民自卫军手中的大炮是属于国家的，必须交还给国家。马克思指出，这些武器是在普军开进巴黎前夕由梯也尔的军队撤退时丢弃并由国民自卫军筹款购置来的，而且梯也尔政府与普军签订的投降书中已经正式承认这些武器是国民自卫军自有的财产，没有列入应该缴给普军的属于政府的武器部数之内。所以马克思揭露说这是梯也尔在没有借口的情况下找的向巴黎开战的借口。梯也尔以收回国家财产的名义发动了内战，他派维努瓦带领一大批警察和几个战斗团去夜袭蒙马特尔高地，试图夺回大炮，解除国民自卫军的武装。可是他的计划被早有准备的国民自卫军和闻讯赶来的当地群众的包围打破了。这时发生了两件事情：一是梯也尔派去的夜袭蒙马特尔高地的波拿巴军官之一勒孔特将军被他的士兵给枪毙了。还有一位将军名叫克莱芒·托马，时任梯也尔政府军的

---

① 《马克思恩格斯文集》第三卷，人民出版社2009年版，第139页。

总司令。他于3月18日这天晚上到场充当业余密探，也不知何故死在高地上。

3月22日发生了一次所谓“旺多姆广场上屠杀赤手空拳的公民”的事件。马克思揭露说，这实际上是梯也尔政府蓄意安排的一次挑衅行为。

他指出：“当梯也尔通过偷袭蒙马特尔已经发动了内战的时候，中央委员会却不肯把这场内战打下去，因而犯了一个致命的错误，即没有立刻向当时毫无防御能力的凡尔赛进军，一举粉碎梯也尔和他的那帮乡绅议员们的阴谋。”[①]这个错误的结果导致了梯也尔对国民自卫军和巴黎人民的报复，大批地杀害巴黎的俘虏和放下武器的平民，并通过杀人进行狂欢。

3. 第三部分论述巴黎公社的经验

第三部分是《法兰西内战》的重点部分，马克思在这里对巴黎公社及其经验作了比较详尽的论述。

第一，打碎“中央集权的国家政权”。马克思指出，作为中央集权的国家政权主要内容的常备军、警察局、官僚机构、教会和法庭是按照系统的和等级的分工原则建立的，起源于专制君主制时代。在历史的进程中，“每经过一场标志着阶级斗争前进一步的革命以后，国家政权的纯粹压迫性质就暴露得更加突出”[②]。马克思高兴地看到，巴黎公社打碎了这种中央集权的国家机器，即取消了常备军、警察局、官僚机构、

---

①《马克思恩格斯文集》第三卷，人民出版社2009年版，第147页。

②《马克思恩格斯文集》第三卷，人民出版社2009年版，第152页。

教会势力、传统的法官和检察官制度。马克思写道：（一）“公社的第一个法令就是废除常备军而代之以武装的人民”。（二）“公社是由巴黎各区通过普选选出的市政委员组成的。这些委员对选民负责，随时可以罢免。其中大多数自然都是工人或公认的工人阶级代表”。（三）“警察不再是中央政府的工具，他们立刻被免除了政治职能，而变为公社的承担责任的、随时可以罢免的工作人员”①。（四）“公社在铲除了常备军和警察这两支旧政府手中的物质力量以后，便急切地着手摧毁作为压迫工具的精神力量，即‘僧侣势力’，方法是宣布教会与国家分离，并剥夺一切教会所占有的财产”。（五）“法官和审判官，也如其他一切公务人员一样，今后均由选举产生，对选民负责，并且可以罢免”②。

第二，建立各级基层生产者的自治政府。马克思写道：“在外省，旧的集权政府就也得让位给生产者的自治政府。在公社没有来得及进一步加以发挥的全国组织纲要上说得十分清楚，公社将成为甚至最小村落的政治形式，常备军在农村地区也将由服役期限极短的国民军来代替。每一个地区的农村公社，通过设在中心城镇的代表会议来处理他们的共同事务；这些地区的各个代表会议又向设在巴黎的国民代表会议派出代表，每一个代表都可以随时罢免，并受到选民给予他的限权委托书（正式指令）的约束。”③因此，马克思说：“公社的存在本身自然而然会带

① 《马克思恩格斯文集》第三卷，人民出版社2009年版，第154页。
② 《马克思恩格斯文集》第三卷，人民出版社2009年版，第155页。
③ 《马克思恩格斯文集》第三卷，人民出版社2009年版，第155页。

来地方自治。”[①]

第三，中央政府履行的职能虽然为数不多，但仍然很重要，由公社的“严格承担责任的勤务员来行使”[②]。与此相一致的，“民族的统一不是要加以破坏，相反，要由公社在体制上、组织上加以保证”。马克思在这里指出，保证和实现民族统一的办法是“消灭以民族统一的体现者自居同时却脱离民族、凌驾于民族之上的国家政权，这个国家政权只不过是民族躯体上的寄生赘瘤”[③]。把上面的两个方面结合起来就是：“旧政权的纯属压迫性质的机关予以铲除，而旧政权的合理职能则从僭越和凌驾于社会之上的当局那里夺取过来，归还给社会的承担责任的勤务员。”[④]

第四，公社真正实现了廉价政府的口号。马克思指出，“公社实现了所有资产阶级革命都提出的廉价政府这一口号，因为它取消了两个最大的开支项目，即常备军和国家官吏”。不仅如此，“公社体制会把靠社会供养而又阻碍社会自由发展的国家这个寄生赘瘤迄今所夺去的一切力量，归还给社会机体。仅此一举就会把法国的复兴推动起来”[⑤]。

第五，公社给共和国奠定了真正民主制度的基础。马克思指出：“公社的存在本身就意味着那至少在欧洲是阶级统治的真正赘瘤和不可或缺的外衣的君主制已不复存在。”因此，给共和国奠定了真正民主制

① 《马克思恩格斯文集》第三卷，人民出版社2009年版，第157页。
② 《马克思恩格斯文集》第三卷，人民出版社2009年版，第155页。
③ 《马克思恩格斯文集》第三卷，人民出版社2009年版，第155—156页。
④ 《马克思恩格斯文集》第三卷，人民出版社2009年版，第156页。
⑤ 《马克思恩格斯文集》第三卷，人民出版社2009年版，第157页。

度的基础。从上面讲的普选制、负责制和罢免制等我们已经不难看出，公社在民主制度建设方面是典范性的。

第六，公社是终于发现的可以使劳动在经济上获得解放的政治形式。马克思在这里指出，无论是廉价政府还是“真正的共和国”，都不是终极目的，而只是伴生物。而“公社的真正秘密就在于：它实质上是工人阶级的政府，是生产者阶级同占有者阶级斗争的产物，是终于发现的可以使劳动在经济上获得解放的政治形式”。最重要的是劳动者阶级的经济上的解放，这是马克思通过巴黎公社得出的一个非常重要的结论。马克思非常严肃地指出：如果没有经济上的解放这个条件，“公社体制就没有存在的可能，就是欺人之谈”。这个话说得很重，也很重要，因为它是常常被我们忽视的一个历史唯物主义的重要结论。马克思解释说：“生产者的政治统治不能与他们永久不变的社会奴隶地位并存。所以，公社要成为铲除阶级赖以存在、因而也是阶级统治赖以存在的经济基础的杠杆。劳动一解放，每个人都变成工人，于是生产劳动就不再是一种阶级属性了。”①

第七，公社使个人所有制成为现实。马克思在这里指出：公社“是想要把现在主要用做奴役和剥削劳动的手段的生产资料，即土地和资本完全变成自由的和联合的劳动的工具，从而使个人所有制成为现实”②。马克思提到了“联合起来的合作社”“按照共同的计划调节全国生产”“控制全国生产”“结束无时不在的无政府状态和周期性的动荡”，等等。但是，马克思同时指出：“工人阶级不是要实现什么理

① 《马克思恩格斯文集》第三卷，人民出版社2009年版，第158页。

② 《马克思恩格斯文集》第三卷，人民出版社2009年版，第158页。

想，而只是要解放那些由旧的正在崩溃的资产阶级社会本身孕育着的新社会因素。”

4. 第四部分论述巴黎的抵抗和梯也尔政府的屠城

马克思在这一部分控诉了梯也尔屠杀巴黎人民的罪恶行径。从3月18日巴黎人民把梯也尔政府打出巴黎城直到5月18日凡尔赛的国民议会批准向普鲁士投降的条约，被俘的波拿巴兵员返回，在长达两个月的时间里，梯也尔一直都在试图消灭巴黎公社。但是，他的图谋一直难以实现。巴黎公社战士的英雄气概使得梯也尔认识到，单靠他自己的谋略和他所掌握的武装力量，击破巴黎的抵抗是不可能的。于是他希望得到外省的支援。马克思说：“国民议会不但没有从外省方面得到它迫切需要的物质力量，而且连最后一点道义力量，即作为这个国家普选权体现者的资格也丧失了。”[①]而且更表现他们彻底失败的是，各市新选出的市议会决定在波尔多召集一个与之针锋相对的新的国民议会，以取代梯也尔扶持的其代表权失效了的国民议会。

马克思介绍这些情况意在说明梯也尔对巴黎公社的镇压是师出无名，得不到法国各方面的支持。相反的，人们普遍支持巴黎公社，支持以巴黎公社为主要标志的法兰西共和国。马克思对于梯也尔的士兵们“冷酷无情地大批杀人”“不分男女老幼地屠杀”“大批地拷打和杀死俘虏”，以及“为处置自己在战事结束后的杀戮中留下的成堆尸体而感到困难”，资产阶级的报刊表现出来的冷漠和无情等给予了愤然的

① 《马克思恩格斯文集》第三卷，人民出版社2009年版，第171页。

揭露。

马克思在这里没有过多表述巴黎人民被杀害的更多具体情况，因为这些情况和信息人们从各种报刊上都可以了解到。马克思的笔主要用来揭露资产阶级政府的无耻、罪恶及其腐朽性。针对法国与普鲁士的联合行动，马克思写道："在现代最惊心动魄的这场战争结束后胜败两军联合起来共同杀戮无产阶级这样一个史无前例的事件，并不是像俾斯麦所想的那样，证明正在崛起的新社会被彻底毁灭了，而是证明资产阶级旧社会已经完全腐朽了。"[①]

马克思在《宣言》的最后谈到了国际工人协会，指出国际工人协会"无论在何处，在何种形式或何种条件下，只要进行着阶级斗争，自然总是我们协会的会员站在最前列。无论屠杀多少人，都不能把这个协会铲除"。要铲除协会，必须先铲除资本对劳动的专横统治，即铲除它们自身的寄生虫生活的条件。这样就再次表达国际工人协会的目标和宗旨。

作为《宣言》的结尾，马克思为他的文件作了点题，对于巴黎的工人或工人的巴黎他指出："工人的巴黎及其公社将永远作为新社会的光辉先驱而为人所称颂。它的英烈们已永远铭记在工人阶级的伟大心坎里。"这是一种点题，更是历史学家的称颂和历史性的肯定。而对于梯也尔之流的刽子手们，马克思的结论是："那些扼杀它的刽子手们已经被历史永远钉在耻辱柱上，不论他们的教士们怎样祷告也不能把他们解脱。"[②]这是一种历史的记录，是写在纸上印刷出来的记录，是写在人们

①《马克思恩格斯文集》第三卷，人民出版社2009年版，第179页。
②《马克思恩格斯文集》第三卷，人民出版社2009年版，第181页。

心里的“历史耻辱柱”。烈士名垂千古，刽子手遗臭万年。时间已经过了一个半世纪，但是马克思的这个文献将继续流传下去，法国的这些以梯也尔为首的镇压人民正义的历史性的行为的罪犯和刽子手，将永远受到人们唾弃。而这正是马克思的《宣言》的力量所在。

《法兰西内战》吴黎平、刘云译本考释

一、译介背景

《法兰西内战》吴黎平、刘云译本于抗日战争时期的1938年在延安翻译、校对、编辑、出版，是为中国共产党延安时期有组织地编译的一批马克思列宁主义的图书之一。

抗日战争时期的延安不仅是中国共产党领导抗日的领导中心，也是马列著作的翻译和出版中心。毛泽东在《中国共产党在民族战争中的地位》一文中提出了学习马克思列宁主义的任务，指出："普遍地、深入地研究马克思列宁主义的理论的任务，对于我们，是一个亟待解决并须着重地致力才能解决的大问题。我希望从我们这次中央全会之后，来一个全党的学习竞赛，看谁真正地学到了一点东西，看谁学的更多一点，更好一点。在担负主要领导责任的观点上说，如果我们党有一百个至二百个系统地而不是零碎地，实际地而不是空洞地学会了马克思列宁主义的同志，就会大大地提高我们党的战斗力量，并加速我们战胜日本帝国主义的工作。"在毛泽东的倡导下，延安及各抗日根据地开展了前所未有的学习运动，掀起了提高文化、攻读马列主义著作的热潮。中共中央为此专门成立了干部教育部，专门负责在职干部的学习，并把马克思的诞生日5月5日定为每年举行一次的学习节，总结一年的学习经验，表彰和奖励学习和研究马列著作的先进集体和个人。

延安这期间先后成立了中国人民抗日军政大学、马列学院、鲁迅艺术文学院、陕北公学、军事学院、中国女子大学、行政学院、自然科学院等学习和研究机构。其中马列学院成立于1938年5月5日，院长为时任中共中央总书记的张闻天（洛甫）。马列学院分为两个部分，一部分为培训部，负责培训干部，另一部分为翻译部，负责马列著作的翻译工作。张闻天亲自兼任翻译部主任。这是中国共产党内最早从事马列经典著作编译工作的专门机构。在这期间编译出版了大量马克思、恩格斯和列宁的经典著作。作为中共中央宣传部副部长的吴黎平和总书记张闻天翻译的《法兰西内战》是其中较早的一批书之一。

二、译者介绍

吴黎平，原名吴亮平（1908—1986），出生于浙江奉化莼湖吴家埠村。

吴黎平

吴黎平在莼湖吴家埠村的老宅

吴黎平是中国著名的无产阶级政治活动家、马克思主义理论家和翻译家。1919年考入上海名牌中学——南洋中学学习。大夏大学肄业。曾任上海学联总务部部长，参加了五卅运动。1925年加入中国共产主义青年团。1925年11月，在恽代英推荐下，赴莫斯科中山大学学习，后留校任教。翻译恩格斯的《社会主义从空想到科学的发展》，还与张闻天合译了马克思的《法兰西内战》。1927年，转为中共党员。在留苏期间，向组织上揭发王明搞宗派主义，后长期遭王明打击报复。

1937年吴黎平在延安

1929年，吴黎平回国后在中共中央宣传部主编《环球》周刊，并参加中央文化工作委员会的领导工作。1932年到江西瑞金，任中华苏维埃共和国临时中央政府国民经济部部长。1934年参加长征，任中国工农红军第一军团地方工作部部长、第三军团宣传部部长。到陕北后，任中共中央宣传部副部长。1936年负责接待美国记者斯诺访问陕北，并担任毛泽东同斯诺谈话的翻译。后任《解放周刊》编辑，中共中央晋绥分局委员，中共抚顺市委、东安地委书记。新中国成立后，历任中共上海市沪西区委书记、中共中央华东局企业管理委员会副书记、化学工业部副部长、中国科学院哲学社会科学部领导小组成员、中共中央党校顾问。是中共七大代表、中顾委委员、第五届全国政协常委。1986年10月3日病逝。

1930年，吴黎平首次将《反杜林论》全书译成中文，其他著作有《社会主义史》《辩证唯物论与唯物史观》《从资产阶级民主革命到社会主义革命》等。

2009年2月，中央文献出版社出版《吴亮平传》（雍桂良等编著）。

20世纪50年代其曾撰写《从资产阶级民主革命到社会主义革命》《民主和专政》《论我国人民内部矛盾》等著作。2009年12月，中共中央党校出版社出版《吴亮平文集》（上、下）。

张闻天，笔名刘云（1900—1976），江苏省南汇县（今属上海市）人，原名应皋（也作荫皋），字闻天，曾长期使用化名洛甫。1925年加入中国共产党，同年前往苏联，先后在莫斯科中山大学、红色教授学院学习、任教。1930年回国，1933年1月到达中央革命根据地瑞金，担任中央政治局委员、中央书记处书记。遵义会议后张闻天被推举为总书记，和毛泽东、周恩来、王稼祥"三人团"形成领导核心。遵义会议后至1938年，张闻天一直是中国共产党的主要负责人。1938年秋天召开中共六届六中全会前，共产国际确认毛泽东为中国共产党的领袖，但职务并未明确。张闻天主动辞去了党的领导职务。毛泽东称赞张闻天为"明君"。

张闻天

1945年在中共七届一中全会上，张闻天当选为中央政治局委员；中华人民共和国成立后，被任命为驻苏联大使及外交部副部长等职，1956年在中共八届一中全会上当选为中央政治局候补委员；1959年在庐山会议上因支持彭德怀而受到错误批判并被撤销所担任的职务；"文化大革命"中遭到严酷迫害，1976年7月1日在江苏无锡病逝。1978年12月召开党的十一届三中全会，纠正了过去对张闻天等所作的错误结论；1979年8月25日，中共中央在北京人民大会堂为张闻天同志召开了隆重的追悼大会，邓小平出席并致悼词，赞颂张闻天的一生"是革命的一生，是忠于党、忠于人民的一生"。其主要著作被编为《张闻天选集》。

1928年9月，张闻天由共产国际东方部与联共中央选送，进入苏联最高学府红色教授学院深造。同时被选送到该学院学习与研究的有王稼祥、沈泽民、郭绍棠等人。就在张闻天进入红色教授学院前后，他用"刘云"的笔名同吴亮平合译了马克思的《法兰西内战》，李敬永翻译、经他校订的恩格斯的《家庭、私有财产和国家的起源》（当时译的书名如此），都在莫斯科出了中文版。延安时期，由于张闻天精通俄语，并亲自翻译了马克思和恩格斯的著作，是我们党的重要理论家，所以，张闻天兼任马列研究院院长和翻译部主任的职务，为我党的理论建设事业作出了重要贡献。

三、编译过程及出版情况

1. 吴黎平、刘云译本是在他们两人原莫斯科中文译本的基础上，重新译校后以"马克思恩格斯丛书"第五种形式以延安解放社的名义出版的，该书在原书的基础上增加了两部分内容，即在恩格斯的导言、两个告欧美各分会全体会员书和《法兰西内战》全文之外，又增加了《马克思致顾格曼论巴黎公社的信》和《列宁在马克思致顾格曼信集俄译本序文中论巴黎公社》。

为什么要增加这两个内容？

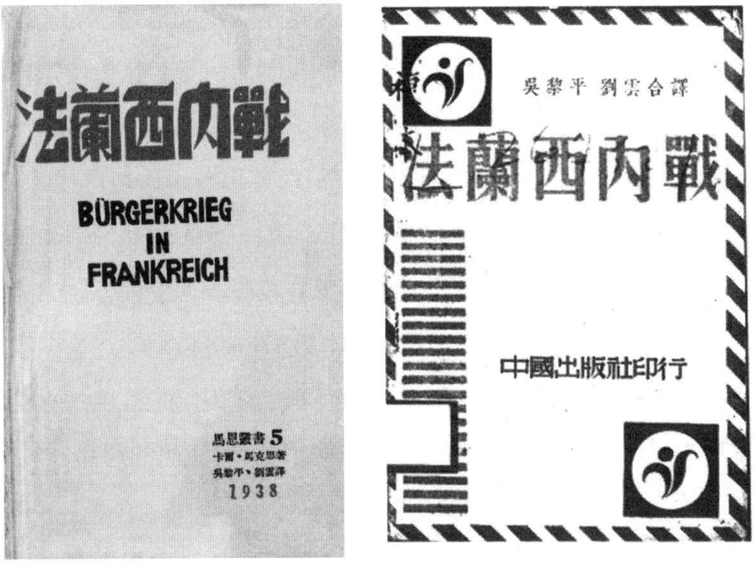

《法兰西内战》不同版本封面

因为马克思在关于普法战争的第二个宣言中有这样一句话：“这样看来，法兰西的工人阶级，现在是处在最困难的情况之下。正在敌人敲着巴黎城门的时候，一切推翻新政府的企图，是不智的绝望的蠢举。”这句话在当时的俄国国内就革命的时机等问题引起了争论。这是一个十分重要的问题。列宁引用了马克思在巴黎公社时期给库格曼的信中的话驳斥了普列汉诺夫等人。列宁说：“在一八七〇年九月，在巴黎公社发生六个月之前，马克思郑重地警告法国工人。他在著名的国际底宣言中，说推翻新政府的企图，是绝望的蠢举。他在事先就揭穿了要发动一个与一七九二年同一精神的运动底这种可能性，是民族主义的幻想。……但当群众已经起来时，马克思就要和他们一同前进，要和他们一同在斗争过程中学习，而并不是向他们作一番官僚主义的训斥。他知道要想在事先就把机会估计得完全正确，这是吹牛或是绝望的迂腐。他以为工人阶级英勇地自我牺牲地拿起主动权制造历史，其价值是超乎其他一切之上的。马克思从那些制造历史但不能在事先就把机会估计得毫厘不差的人们底立场来观察世界历史……马克思善于珍视这样的事实，就是在历史中会有这样的时机，群众甚至为了一个无成功希望的目标而拼命奋斗。但这为了给这些群众更进一步的教育，为了训练他们准备下一次的斗争计，还是必要的。”（见本译本第47—48页）

当时的中国革命与俄国的十月革命有着十分相似的特点，所以，延安译本增加了这两个内容以帮助人们正确地理解马克思的思想。

2. 吴黎平、刘云译本增加了编辑部注。

吴黎平、刘云译本中总共加了60个编辑部注，其中恩格斯的引言部分加了13个，《国际工人联合会总委员会为普法战争告欧美各分会全体会员第一书》部分加了7个，《国际工人联合会总委员会为普法战争告欧美各分会全体会员第二书》部分加了11个，《国际工人联合会总委员会为法兰西内战告欧美各分会全体会员书》部分加了29个。

这些编辑部注主要是引导人们在列宁主义的意义上理解马克思、恩格斯的思想，上面提到的第47—48页上的话即是来自其中的一个长注。另外，编辑部注中对于马克思“不能简单地打碎资产阶级国家机器”的思想也做了一个较长的注，表达了列宁在《国家与革命》一书中对于这个问题的重要看法。

3. 吴黎平、刘云译本的传播情况。

在《法兰西内战》两个中译本中，吴黎平、刘云译本是流传最广的译本。1938年11月延安解放社将其作为“马克思恩格斯丛书”第五种出版后，仅仅时隔3个月，即于1939年2月份加印了1万余册。于延安解放社加印的同时，（武汉）中国解放社也于1939年2月重新印制了这本书（109页，19厘米），并于1个月后再加印2000册，以新智书店的名义在桂林、重庆、昆明、贵阳、衡阳、金华、温州、丽水、宜山等地同时发售。1939年，重庆解放社也以“马克思恩格斯丛书”的形式出版了与延安解放社同样版本（117页，19厘米）的译本。党中央转移到西柏坡后的1948年8月，解放社出版了115页的版本；同年11月，延安解放社翻印了这个版本。1946年，上海生活书店以“世界学术名著译丛”的形式出版了154页、18厘米的竖排版，印数2000册。1949年，大连（辽宁）生活书店以“马克思恩格斯文库”的形式出版了154页、19厘米的竖排版。1949年7月，上海新华书店在该书扉页上加了一张马克思的照片，印制了119页、19厘米的版本。同一年，河南开封中原新华书店出版了93页、18厘米的译本。从1938到1949年，吴黎平、刘云译本在11年的时间里再版和重印了至少11次，其仅一个版本传播之广泛在1949年之前的马克思主义传播史上是比较少见的。

《法兰西内战》吴黎平、刘云译本译文解析

一、译文对照与考释

1. 恩格斯的引言，即今译本中的“恩格斯写的1891年版导言”。[①]

（1）其中一句重要的话译为：“其次，因为这两篇同为马克思所写的宣言，不较《内战》一书为差地同是一种显著的模范，表现出作者正确把握伟大历史事变的性质、意义与其必要结果之惊人的天才（这种天才，作者最初表现于《拿破伦第三政变记》一书之中），而此等事变在当时或者是还在我们的眼前展开着，或者是不久才告终结的。”[②]今译为：“其次是因为这两篇同为马克思所写的宣言，也和《内战》一样，突出地显示了作者在《路易·波拿巴的雾月十八日》中已初次表现出的惊人的才能，即在伟大历史事变还在我们眼前展开或者刚刚终结时，就能准确地把握住这些事变的性质、意义及其必然后果。”[③]相比较而言，后面的译本意思表述得更加明快。

（2）第4页出现了一个错误，“一七八九年”误写为“一九八九年”。

（3）第11页，“这些大炮是巴黎被围时所造而预约由公家付钱的”。今译为：“这些大炮是在巴黎被围期间由公众捐款制造的。”[④]这个后来

① 《马克思恩格斯文集》第三卷，人民出版社2009年版，第99页。

② ［德］马克思：《法兰西内战》，吴黎平、刘云译，生活书店1946年版，以下凡引此书，即在文中标注页码。

③ 《马克思恩格斯文集》第三卷，人民出版社2009年版，第99页。

④ 《马克思恩格斯文集》第三卷，人民出版社2009年版，第104页。

的正确翻译是很重要的。战胜国德国士兵之所以没有没收公社的大炮，正是因为知道大炮是老百姓自己出钱购置的。

（4）第17页，“像经常所发生的，当政权落到信条主义者手内时，他们的某些行动却正会同他们学派的信条上所写的完全相反，这真是历史的讽刺（刺）”。今译为：“正如笃信某种学说的人们掌权后通常会出现的情况一样，无论是蒲鲁东派或布朗基派，都做了恰恰与他们那一派的学说相反的事情，遭到历史的嘲弄。”①

（5）第18页，“都统治着马克思的学说”。今译为：“马克思的理论无可争议地占有统治地位。”②

（6）第23页，“国家最好也不过是在争取阶级统治的斗争中得到胜利的无产阶级所承受到的不良之物罢了，胜利的无产阶级，根据巴黎公社的前例，必须要尽可能迅速地消灭这不良之物的最坏方面，直至在新的自由的社会制度中成长起来的后代，最没有力量把这国家机关的拉（垃）圾抛弃的时候”。今译为：“国家再好也不过是在争取阶级统治的斗争中获胜的无产阶级所继承下来的一个祸害；胜利了的无产阶级也将同公社一样，不得不立即尽量除去这个祸害的最坏方面，直到在新的自由的社会条件下成长起来的一代有能力把这国家废物全部抛掉。”③

（7）第23页，“你们愿意知道专政是什么样子吗？请看巴黎公社吧”。今译为：“你们想知道无产阶级专政是什么样子吗？请看巴黎公

①《马克思恩格斯文集》第三卷，人民出版社2009年版，第108页。
②《马克思恩格斯文集》第三卷，人民出版社2009年版，第109页。
③《马克思恩格斯文集》第三卷，人民出版社2009年版，第111页。

社。”①

2.《国际工人联合会总委员会为普法战争告欧美各分会全体会员第一书》，即今译本中的《国际工人协会总委员会关于普法战争的第一篇宣言——致国际工人协会欧洲和美国全体会员》②。

（1）第33页，在“在这自相残杀的斗争的幕后”之前，今译文中有一句独立的话：“好极了！”③

（2）文后删去了原稿中的总委员会名单和通讯书记名单。

3.《国际工人联合会总委员会为普法战争告欧美各分会全体会员第二书》，即今译文中的《国际工人协会总委员会关于普法战争的第二篇宣言——致国际工人协会欧洲和美国全体会员》。

（1）第47—48页，“这样看来，法兰西的工人阶级，现在是处在最困难的情况之下。正在敌人敲着巴黎城门的时候，一切推翻新政府的企图，是不智的绝望的蠢举”。该译本在这里加了一个编辑部注说：“关于这点，列宁在他的《马克思致顾格曼书信集》俄译本序文中写道：‘在一八七〇年九月，在巴黎公社发生六个月之前，马克思郑重地警告法国工人。他在著名的《国际底宣言》中，说推翻新政府的企图，是绝望的蠢举。他在事先就揭穿了要发动一个与一七九二年同一精神的运动底这种可能性，是民族主义的幻想。……但当群众已经起来时，马克思就要和他们一同前进，要和他们一同在斗争过程中学习，而并不是向他们作一番官僚主义的训斥。他知道要想在事先就把机会估计得完全正确，这

① 《马克思恩格斯文集》第三卷，人民出版社2009年版，第111—112页。
② 《马克思恩格斯文集》第三卷，人民出版社2009年版，第113页。
③ 《马克思恩格斯文集》第三卷，人民出版社2009年版，第117页。

是吹牛或是绝望的迂腐。他以为工人阶级英勇地自我牺牲地拿起主动权制造历史，其价值是超乎其他一切之上的。马克思从那些制造历史但不能在事先就把机会估计得毫厘不差的人们底立场来观察世界历史，而不是从一个用“这是很易预料的……他们原不应动用……”这样的话去教训人的知识分子的俗人底立场来观察世界历史。马克思善于珍视这样的事实，就是在历史中会有这样的时机，群众甚至为了一个无成功希望的目标而拼命奋斗。但这为了给这些群众更进一步的教育，为了训练他们准备下一次的斗争计，还是必要的。’”

（2）第50页，这一篇的末尾同样删去了总委员会名单和各国通讯书记的名单。

4.《国际工人联合会总委员会为法兰西内战告欧美各分会全体会员书》，即今译本中的《法兰西内战。国际工人协会总委员会宣言——致协会欧洲和美国全体会员》。

（1）第85—87页，“但是工人阶级不能简单地夺取现成的国家机关而运用它来达到自己的目的”。该译本在这里加了一个较长的编辑部注说：“马克思在这里明白陈述巴黎公社底根本教训之一。马克思与恩格斯以为这个教训是有伟大的意义的，这从他们在一八七二年六月二十四日写的《共产党宣言》序文中所说的话就可很明显地看出来。在序文中说，《共产党宣言》底纲领，‘在某些地方是过时了的。特别是巴黎公社证明了：工人阶级不能简单地夺取现成的国家机关，而运用来达到自己的目的。……’对于这一点，列宁写道：‘非常令人注意的一件事，就是恰恰这个重要的修改被机会主义者曲解了，而《共产党宣言》底读者即使没有百分之九十九大概也有十分之九不明了这个修改的意思。对于我们上面所摘引的马克思底名言之流行的庸俗的“了解”，在于认为：似乎马克思在这里着重迟缓发展底观念而与夺取政权对立起来，诸如此类等等。实际上正是相反。马克思底意思就在于：工人阶级应当破坏并打碎“现成的国家机器”而不仅限于简单地夺取这个机器。一八七一年四月十二日，就是说，正在巴黎公社的时候，马克思写给顾格曼的一封信里说：“……如果你读到我的《拿破伦（仑）第三政变记》一书最后一章，你就可以看见我认为法国革命以后的企图，是在于：并不是把官僚和军事的机器从一手转交他手，如今日以前一样，而是要破毁它；而欧洲大陆上任何一个真正的民众革命之先决条件，正是如此。我们英勇的巴黎同志们底企图，也恰恰就在这里。”（《马克思致顾格曼书信集》，俄文至少有两种版本，其中有一种版本是由我校订并由我作序的。）“破毁”（官僚和军事的国家机器）这几个字，已经把马克思主义关于无产阶级在革命中对国家的任务问题之主要的教训简明地表白出来了。现在盛行一时的考茨基主义在对于马克思主义的“解释”中所完全忘却了的，并且公开曲解了的，也正是这个教训！’〔列宁：《国家与革命》，中译本‘解放社’版《列宁选集》，第十二卷五（十）二页〕”

（2）第87页，“集中的国家政权及其到处存在的、基于系统的与阶层的分工原则而建立起来的机关（常备军、警察、官僚、僧侣与法官），自绝对君主时代起即形存在，那时它是充当新兴资产阶级社会向封建制度作斗争的有力的武器”。今译为：“中央集权的国家政权连同其遍布各地的机关，即常备军、警察局、官僚机构、教会和法院——这些机关是按照系统的和等级的分工原则建立的——起源于专制君主制时代，当时它充当了新兴资产阶级社会反对封建制度的有力武器。”①

（3）第87—88页，“十八世纪法兰西革命的大扫帚，把所有这些陈旧的肮脏的东西一扫而尽，并为现代的国家建筑廓清了社会的基础。这座建筑，在第一帝国时代（这帝国本身是在旧的半封建欧洲联合反对法兰西的战争中造成的）已经成立起来了”。今译为：“18世纪法国革命的大扫帚，把所有这些过去时代的残余都扫除干净，这样就从社会基地上清除了那些妨碍建立现代国家大厦这个上层建筑的最后障碍。现代国家大厦是在第一帝国时期建立起来的，而第一帝国本身又是从半封建的旧欧洲反对现代法国的几次同盟战争中产生的。”②

（4）第91页，“公社是同帝国直接相反的。巴黎无产阶级用了欢迎二月革命的‘社会共和国万岁’的呼声，不过是表现出他们要想建立这种共和国（这共和国不但要消灭阶级统治的专制公式而且要根本消灭阶级的统治）的模糊的倾向。公社就是这种共和国的确定的形式”。今译为：“帝国的直接对立物就是公社。巴黎无产阶级在宣布二月革命时所呼喊的‘社会共和国’口号，的确是但也仅仅是表现出这样一种模糊的意向，即要求建立一个不但取代阶级统治的君主制形式、而且取代阶级统治本身的共和国。公社正是这个共和国的毫不含糊的形式。”③

（5）第101页，“如果没有完成劳动底经济解放的条件，那末公社的建设将是不可能的东西，将是一种幻想。生产者的政治统治决不能与他们社会的奴隶状态的永久化并肩而存。所以公社应当是一种工具，能用

① 《马克思恩格斯文集》第三卷，人民出版社2009年版，第151页。
② 《马克思恩格斯文集》第三卷，人民出版社2009年版，第151—152页。
③ 《马克思恩格斯文集》第三卷，人民出版社2009年版，第154页。

来根除阶级存在及阶级统治所依据的经济基础。只要劳动一解放，大家就都是工人，于是生产的劳动不再是某一阶级的特征了”。今译为：“如果没有最后这个条件，公社体制就没有存在的可能，就是欺人之谈。生产者的政治统治不能与他们永久不变的社会奴隶地位并存。所以，公社要成为铲除阶级赖以存在、因而也是阶级统治赖以存在的经济基础的杠杆。劳动一解放，每个人都变成工人，于是生产劳动就不再是一种阶级属性了。”①

（6）第101—102页，“公社曾要破坏将多数人的劳动变为少数人的财富之阶级私产；它曾要剥夺剥夺者；它曾要使现在主要成为奴役劳动的工具与剥削劳动的工具之生产手段、土地与资本变为自由的与联合的劳动工具，以造成真正的个人的私产”。今译为：“公社是想要消灭那种将多数人的劳动变为少数人的财富的阶级所有制。它是想要剥夺剥夺者。它是想要把现在主要用做奴役和剥削劳动的手段的生产资料，即土地和资本完全变成自由的和联合的劳动的工具，从而使个人所有制成为现实。”②

（7）第109页，“公社伟大的社会设施，就是它自身的存在及其工作。它所采取的各（个）别辨（办）法，只能表示出民众自己管理自己的发展方向”。今译为：“公社的伟大社会措施就是它本身的存在和工作。它所采取的各项具体措施，只能显示出走向属于人民、由人民掌权的政府的趋势。”③可以从这里理解马克思创立的公社体制“无产阶级专

① 《马克思恩格斯文集》第三卷，人民出版社2009年版，第158页。
② 《马克思恩格斯文集》第三卷，人民出版社2009年版，第158页。
③ 《马克思恩格斯文集》第三卷，人民出版社2009年版，第163页。

政”概念——从上到下，从城市到农村的民众自治。

（8）第136页，“一九七一年五月十九日”，应为“一八七一年五月十九日”。后面同样删去了总委员会名单和通讯书记名单。

5. 马克思致库格曼论巴黎公社的信。

这里收录了马克思在巴黎公社期间给库格曼的两封信。信虽然很短，却讲了至少四层意思：

（1）英勇的巴黎党的同志们实现了马克思在《路易·波拿巴的雾月十八日》一文中所说的话，即法国革命的下一次尝试不应该再像以前那样把官僚军事机器从一些人的手里转到另一些人的手里，而应该把它打碎。这正是大陆上任何一种真正的人民革命的先决条件。

（2）高度赞扬巴黎工人阶级的历史创造精神和勇于牺牲的革命精神。

（3）由于巴黎人的仁慈和宽容，没有及时向凡尔赛进军，错失了消灭资产阶级新政府的机会；他们的第二个错误，是中央委员会过早地放弃了军事领导权。

（4）马克思的第二封信是批评库格曼把英勇的巴黎公社革命比作1848年6月13日的小资产阶级示威，是一次没有机会胜利的争斗。马克思认为，不能理解库格曼的说法。马克思认为不能只在条件成熟的情况下才行动，那样的话，创造世界历史一定是一件很容易的事了。另一方面，如果“偶然性不起作用，那么，世界历史就一定带有神秘的性质”。虽然一些偶然性会被另一些偶然性抵偿，但是，世界历史的加速或延缓，在很大程度上是依靠这些偶然性的。马克思在这里指出：“工人阶级反对资产阶级的斗争，因巴黎的斗争而进入一个新阶段。不管直接的结果如何，一个有世界历史重要性的新出发点是已经取得了。”

6. 列宁在《马克思致顾格曼书信集》俄译本序言中论巴黎公社。

马克思曾经在普法战争的第二个宣言中说道：“这样看来，法兰西的工人阶级，现在是处在最困难的情况之下。正在敌人敲着巴黎城门的时候，一切推翻新政府的企图，是不智的绝望的蠢举。”马克思的这句话，引起了普列汉诺夫等人对于俄国革命时机和策略问题的异议。列宁借马克思致库格曼的两封信的内容批判普列汉诺夫。解放社吴黎平、刘云译本把马克思致库格曼的两封信和列宁论巴黎公社的序言放在一起发表，也是有用意的。

二、观点疏正

《法兰西内战》中的重要理论观点可以概括为以下六个方面的内容：

1. 在马克思和恩格斯的理论中，“国家和无产阶级专政完全不是一回事”，前者指的是一个阶级对于另一个阶级的镇压，后者指的是劳动者的自治。

2. 马克思和恩格斯所说的打碎旧的国家机器指的是公民的广泛参与和分权，从这个意义上说，权力被打碎了、分解了。

3. 列宁在《国家与革命》中对于马克思和恩格斯的无产阶级专政理论进行了两个重大修改，一是把无产阶级专政等同于“无产阶级国家”，二是把这个“国家”的存在时间无限期地推后了。

4. 劳动者的政治解放首先要使其在经济上获得解放，这就是“使个人所有制成为现实”，没有后者，一切民主形式都只是空谈。

5. 对梁赞（尚）诺夫的译者序作了几乎是逐字逐句的批判和分析，其错误本质是在马克思讲的劳动者自治的公社体制中加上了一个抽象的和至高无上的主体。

6. 马克思讲的“公社既是行政机关，同时也是立法机关”，并不是说行政权和立法权同时由一个或几个民选代表来行使，而是分开由不同的民选代表来行使，而且这些代表要可以随时被罢免，这是马克思关于打碎权力的精神实质，这里没有任何集权的意思。

吴黎平、刘云译本与郭和译本的最大不同是它收入了列宁的《〈马克思致顾格曼书信集〉俄译本序言中论巴黎公社》，并加了大量的编辑部注。这其中最重要的一个问题是马克思在第二个宣言中讲的一句话，即“法兰西的工人阶级，现在是处在最困难的情况之下。正在敌人敲着巴黎城门的时候，一切推翻新政府的企图，是不智的绝望的蠢举”，以及围绕这句话，列宁与普列汉诺夫等人的争论。

现在回头来看当时的争论，肯定列宁是对的。如果马克思地下有知，一定也会像当年支持巴黎公社一样地支持列宁的十月革命，坚定地站在列宁一边。支持列宁，这是毫无疑问的。因为理论和现实都证明了列宁当时的正确性。正如列宁所说，当事件发生的时候，马克思是一定会站在革命者一边的。但是，从马克思和恩格斯创立的历史唯物主义的本真意义上来看，事情可能不是如此。

当时马克思和恩格斯以及国际总委员会委员杜邦的一致的和共同的看法是：[①]

---

① 李惠斌：《马克思〈法兰西内战〉研究读本》，中央编译出版社2013年版，第18页。

“在缔结合约以前，国际在法国应持观望态度。”（杜邦）

“应当阻止工人在缔结和约之前采取行动。”[①]（恩格斯致马克思的信）

“正在敌人敲着巴黎城门的时候，一切推翻新政府的企图，是不智的绝望的蠢举。”（马克思）

从时间来看，巴黎公社1871年3月18日宣布成立，这一天梯也尔政府逃到了凡尔赛，缔结合约是在5月10日，起义失败是在5月28日。这就是说，当缔结合约后再采取行动的时候，一切都已经晚了。这是19世纪70年代发生的事情。当10年之后俄国发生革命的前夕，俄国女革命家查苏理奇给马克思写信，询问在落后的东方俄国进行社会主义革命的问题。一向对东方问题深有研究的马克思一开始认为俄国可以不经过资本主义的卡夫丁峡谷而直接从农村公社过渡到社会主义。它有可能“不通过资本主义制度的卡夫丁峡谷”[②]，而占有资本主义制度所创造的一切成果。但是，在经过进一步的深入思考之后，马克思放弃了这个想法，只是草草地回了信。在马克思去世后，查苏理奇于1885年再度写信给恩格斯，请求答案。恩格斯的回信同样否定了在俄国进行社会主义革命的问题。恩格斯的回答比马克思明确得多。恩格斯说：“据我看来，最重要的是：在俄国能有一种推动力，能爆发革命。至于是这一派还是那一派发出信号，是在这面旗帜下还是那面旗帜下发生，我认为是无关紧要的。如果这是一场宫廷革命，那它在第二天就会被一扫而光。在这个国家里，形势这样紧张，革命的因素积累到这样的程度，广大人民群

①《马克思恩格斯文集》第十卷，人民出版社2009年版，第344页。

②《马克思恩格斯文集》第三卷，人民出版社2009年版，第575页。

众的经济状况日益变得无法忍受，社会发展的各个阶段——从原始公社到现代大工业和金融巨头——都有其代表，所有这一切矛盾都被举世无双的专制制度用强力禁锢着，这种专制制度日益使那些体现了民族智慧和民族尊严的青年们忍无可忍了，——在这样的国家里，如果1789年一开始，1793年很快就会跟着到来……”[①]恩格斯的意思是说：1789年法国大革命开始后，1793—1794年就产生了恐怖统治，而罗伯斯庇尔和雅各宾派倒台后，督政府于1795年开始掌权，1799年拿破仑上台。由于无产阶级的时代还没有来，所以，革命只是为恐怖和专制制度的产生做了铺垫。

问题的关键是，这不是马克思和恩格斯一时的想法，而是根据他们的历史唯物主义理论长期思考的结果。根据恩格斯1895年为马克思的《1848年至1850年的法兰西阶级斗争》一书写的序言来看，两人从1850年开始就发生了重大的思想转变，放弃街头暴力式的武装斗争方式而转向利用普选的方式进行无产阶级反对资产阶级的斗争并以这种方式使劳动者掌握国家政权。

恩格斯指出：

> 我们却早在1850年秋季就已经宣布，至少革命时期的第一阶段已告结束，而在新的世界经济危机爆发以前什么也等待不到。因为这个缘故，我们当时曾被某些人当做革命叛徒革出教门，可是这些人后来只要受到俾斯麦的拉拢，就几乎毫无例外

① 《马克思恩格斯文集》第十卷，人民出版社2009年版，第534页。

地跟俾斯麦和解了。

但是，历史表明我们也曾经错了，暴露出我们当时的看法只是一个幻想。历史走得更远：它不仅打破了我们当时的错误看法，并且还完全改变了无产阶级进行斗争的条件。1848年的斗争方法，今天在一切方面都已经过时了，这一点值得在这里比较仔细地加以探讨。[①]

恩格斯在接下来很长的篇幅里对这个问题作了详细的论述，指出："历史表明，我们以及所有和我们有同样想法的人，都是不对的。历史清楚地表明，当时欧洲大陆经济发展的状况还远没有成熟到可以铲除资本主义生产的程度；历史用经济革命证明了这一点，从1848年起经济革命席卷了整个欧洲大陆……"[②]恩格斯因此而得出一个重要结论：巴黎公社之后，欧洲工人运动的重心地点从法国移到了德国，其形式是从暴力革命转向了民主选举。恩格斯说："正如马克思所预言的，1870—1871年的战争和公社的失败，暂时使欧洲工人运动的重心从法国移到了德国。"[③]恩格斯接着说："德国工人仅仅以自己作为最强有力、最守纪律并且增长最快的社会主义政党的存在，就已经对工人阶级事业作出了头一个重大贡献，而除此以外，他们还对这个事业作出了第二个重大贡献。他们给了世界各国的同志们一件新的武器——最锐利的武器中的一

① 《马克思恩格斯文集》第四卷，人民出版社2009年，第538页。
② 《马克思恩格斯文集》第四卷，人民出版社2009年，第540页。
③ 《马克思恩格斯文集》第四卷，人民出版社2009年，第543页。

件武器，向他们表明了应该怎样使用普选权。”[1]

恩格斯解释说：

> 这里斗争的条件毕竟已经发生了根本的变化。旧式的起义，在1848年以前到处都起过决定作用的筑垒巷战，现在大大过时了。
>
> 我们对此不应抱什么幻想，因为在巷战中起义者对军队的真正胜利，像两支军队之间的那种胜利，是极其罕见的。而起义者指望获得这样的胜利，也是同样罕见的。[2]

这是马克思和恩格斯根据其历史唯物主义思想得出的总结性的结论。这就是说，马克思和恩格斯虽然有“两个必然”的理论，但同时也有“两个决不会”的理论。我们知道，这两个理论都是历史唯物主义的基本结论。

尽管如此，我们还是认为列宁是对的。因为我们不能教条式地照搬马克思和恩格斯的思想。正如恩格斯在作了上面的论述之后所言：“不言而喻，我们的外国同志们没有放弃自己的革命权。须知革命权是唯一的真正‘历史权利’。”[3]结合恩格斯给查苏理奇的回信（这两个文件几乎是在同一时间写的）来理解恩格斯的这句话，还是有些耐人寻味的。

① 《马克思恩格斯文集》第四卷，人民出版社2009年，第544页。
② 《马克思恩格斯文集》第四卷，人民出版社2009年，第545—546页。
③ 《马克思恩格斯文集》第四卷，人民出版社2009年，第550—551页。

行文至此，我们已经涉及了一个十分宏大的叙事结构，这已经超出了本书的写作目的，因为我们已经触及了马克思、恩格斯开创的西方发达国家的社会民主党的发展道路和列宁、斯大林开创的东方落后国家的社会主义发展道路问题。正如恩格斯所说，甚至在马克思和恩格斯健在的时候就有人批评他们是无产阶级革命的叛徒。马克思和恩格斯的思想又通过信件传递给了查苏理奇和普列汉诺夫等人，然而，查苏理奇和普列汉诺夫以及考茨基等人都被列宁称为革命的叛徒。但是，结合40年前的中国的改革开放和苏联解体，结合斯大林时期以及其后社会主义国家中一度出现的种种错误和问题，我们有必要重新研究当年马克思和恩格斯提出的这些问题。限于篇幅，我们只能在别的地方对这些问题另行论述了。

结语

人们总是在一定的条件下以一定的方式创造历史。翻译工作者在艰苦卓绝的环境中翻译经典文献，更是一种创造历史的行为。从在莫斯科合译《法兰西内战》，到延安时期再度合作将该书译校修订出版，反映了两位学者和革命家的艰辛与追求。这个译本本身，经过了广泛的传播，对于中国革命的影响作用是不能低估的。我们不能不对译者当年的工作表示深深的敬意。

但是，任何作品和再创造的作品都是时代的产物，带有时代的烙印。今天的《法兰西内战》中译本已经不再收入当时版本中的编辑部注以及《马克思致顾格曼的信》、列宁论巴黎公社的内容，还原了恩格斯纪念巴黎公社20周年时编辑此书的原貌。

参考文献

［1］马克思恩格斯文集：第3卷［M］. 北京：人民出版社，2009.

［2］马克思恩格斯全集：第17卷［M］. 北京：人民出版社，1963.

［3］［德］马克思. 法兰西内战［M］. 吴黎平，刘云，译. 上海：生活书店，1946.

［4］［德］马克思. 法兰西内战［M］. 郭和，译. 上海：海潮社，1939.

［5］［法］阿·阿达莫尔. 巴黎公社史料辑要［M］. 黎兴，译. 北京：商务印书馆，1962.

［6］北京图书馆马列著作研究室. 马克思恩格斯著作中译文综录［M］. 北京：书目文献出版社，1983.

［7］中共中央马克思恩格斯列宁斯大林著作编译局马恩室. 马克思恩格斯著作在中国的传播［M］. 北京：人民出版社，1983.

［8］黄楠森，等. 马克思主义哲学史：第1卷［M］. 北京：北京出版社，2005.

［9］黄楠森，等. 马克思主义哲学史：第6卷［M］. 北京：北京出版社，2005.

［10］丁守和，殷叙彝. 从五四启蒙运动到马克思主义的传播［M］. 北京：生活·读书·新知三联书店，1963.

［11］林代昭，潘国华．马克思主义在中国：从影响的传入到传播［M］．北京：清华大学出版社，1983.

［12］胡为雄．马克思主义哲学在中国传播与发展的百年历史：上、下册［M］．南昌：百花洲文艺出版社，2015.

［13］胡乔木．中国共产党的三十年［M］．北京：人民出版社，1951.

［14］沙健孙．中国共产党通史：第1—5卷［M］．长沙：湖南教育出版社，1996—2000.

［15］李泽厚．马克思主义在中国［M］．北京：生活·读书·新知三联书店，1988.

［16］庄福龄．马克思主义史：第1卷［M］．北京：人民出版社，1996.

［17］王东，等．马列著作在中国出版简史［M］．福州：福建人民出版社，2009.

［18］张舜徽．中国文献学［M］．上海：上海古籍出版社，2009.

［19］苏杰．西方校勘学论著选［M］．上海：上海人民出版社，2009.

［20］张一兵．回到马克思：经济学语境中的哲学话语［M］．南京：江苏人民出版社，1999.

［21］［德］弗兰茨·梅林．马克思传［M］．樊集，译．北京：人民出版社，1965.

［22］［英］戴维·麦克莱伦．马克思传［M］．王珍，译．北京：中国人民大学出版社，2008.

原版书影印

说　明

《马克思主义经典文献传播通考》各册均附有原版书影印资料，即马克思主义经典著作中文译本。本丛书所称“译本”是指：1. 我国单行出版的马克思、恩格斯、列宁等原著，包括著作、书信选译和专题文集；2. 报纸、杂志连载马克思、恩格斯、列宁等著作的完整译文。鉴于中华人民共和国成立前，马克思主义经典著作的译本数量众多，版次与印次繁杂，本丛书所附译本均作专门说明。

本册所附《法兰西内战》吴黎平、刘云译本为1946年生活书店出版。

馬克思著
吳黎平 劉雲譯

法蘭西內戰

世界學術名著譯叢

生活書店發行

世界學術名著譯叢

法蘭西內戰

馬克思著
吳黎平劉雲合譯

生活書店發行

中華民國三十五年五月

世界學術名著譯叢

法蘭西內戰

著者 馬克思

譯者 吳黎平 劉雲

發行人 徐伯昕

發行者 生活書店 上海·重慶

版權所有★不准翻印

中華民國三十五年五月初版

〔42〕S.1-2000

目錄

恩格斯的引言……………………………………（一）
國際工人聯合會總委員會爲普法戰爭告歐美各分會全體會員第一書…………（二五）
國際工人聯合會總委員會爲普法戰爭告歐美各分會全體會員第二書…………（三五）
國際工人聯合會總委員會爲法蘭西內戰告歐美各分會全體會員書……………………（五一）
馬克思顧格曼論巴黎公社的信…………………（一三七）
列寧在馬克思致顧格曼書信集俄譯本序文中論巴黎公社……………（一四五）

恩格斯的引言

要求再版國際工人聯合會總委員會所發表的關於法蘭西內戰的宣言，並要我給它做一篇引言，這是出於我意料之外的，所以我在這裏只能很簡短地把最重要的幾點略說一下。

在上述較長的著作之前，我更加上了總委員會爲普法戰爭而作的兩篇較短的宣言。我所以這樣做的原因，第一，因爲內戰一書內曾引證到第二次的宣言，而這二次的宣言如不同第一次的宣言合併着看，又不是到處都能明白的。其次，因爲這兩篇同爲馬克思所寫的宣言，不較內戰一書爲差地同是一種顯著的模範，表現出作者正確把握偉大歷史事變的性質、意義與其必要結果之驚人的天才（這種天才，作者最初表現於拿破倫第三政變記一書之中），而此等事變在當時或者是還在我們的眼前展開着，或者是不久才告終結的。最後因爲我們在德國直到現在還受累於馬克思所預言的那些事變的惡果。

第一次宣言中說假若德國反對拿破侖第三的防禦戰爭蛻化爲反對法蘭西人民的掠奪戰爭的話，那末德國將要重新遭受到（而且將更加厲害）它在所謂解放戰爭（註一）之後所遭受的那些不幸，這話現在難道不是已經證實了嗎？不是我們受到了整個二十年的俾斯麥的統治嗎？不是在這期間我們所獲得的並非取締政客的辦法，而是用同樣警察的專橫，同樣可恨的法律的曲解來壓迫社會主義者的法律嗎？

難道馬克思的預言，說亞爾薩斯與勞倫的歸併『會使法國投入俄羅斯的懷抱中，』（註二）說在這歸併之後德國或是將公開變爲俄國的奴僕，或是在短期的休息之後將準備開始新的戰爭，即開始『對於斯拉夫人與羅曼人的聯合人種，進行人種戰爭。』這些話不是一個個字都證實了嗎？德國的歸併法國省份不是使法國投入了俄羅斯的懷抱中嗎？俾斯麥不是在整個的二十年內勞而無功地找求着沙皇的恩寵，並且他這樣的投拜在『神聖的俄羅斯』前面，比它還沒有變成『第一歐洲强國』之前的小小普魯士平常所做的還要卑恭得多嗎？

戰爭的恐怖不是常常懸在我們的頸上嗎？這戰爭的第一天，必將把一切世界強國的紙上的聯合，變成灰燼，這戰爭（除了它的結果之絕對不可知可以斷定之外，其餘還不能

（註一）拿破倫第一把德國底一部分領土割入法國，並使其餘部分隸屬於他，普魯士領導德國各邦與俄皇聯盟，向拿破倫第一作戰（一八一三至一四年）。 ——編輯部註

（註二）引自總委員會關於法普戰爭的第二次宣言。馬克思預料到在亞爾薩斯、勞倫被合併之後，法國一定渴望復仇，而且一定是在找求同盟者，第一就找沙皇制度的俄國。在一八七〇年九月一日馬克思寫信給索爾格（S.rge）說：

「普魯士的傻子們所看不見的，就是現在的戰爭不能避免地要引起德俄戰爭，正如一八六六年的戰爭必然引起普法戰爭一樣。這是我從這次戰爭中爲德國所期待的最好的結果。如果不與俄國同盟，不隸屬於俄國，特殊的『普魯士主義』就從沒有存在過，也決不能存在。第二次這樣的戰爭將成爲俄國的不可免的社會革命之助產婦」。 ——編輯部註

確定的說）必定是人種的戰爭，它必將把歐洲交給一千五百萬或二千萬武裝的士兵去掠奪。但這戰爭直到現在所以沒有發生者，就是因爲它的結果絕對不能預知，所以使最大的軍事國家中之最有力者也不能不發生危懼。

所以將這些敏銳地證明一八七〇年國際工人政策的遠大眼光而大半已爲人們所忘却的文件，重新刊印出來給德國的工人們知道，實是非常必要的。

我關於這兩篇宣言所說的話，同樣是可以應用於法蘭西內戰的。五月廿八日，公社的最後保護者在俾爾維爾被優勢的敵人力量所消滅了。兩天之後，五月卅日，馬克思即在總委員會上面宣讀他的著作，在這中間，他用簡短的有力的幾點判定巴黎公社的歷史意義；他的話是如此的正確，如此的適當，使以後關於這問題的一切文獻都望塵莫及。

從一九八九年起，法國經濟的與政治的發展使後來五十年內在巴黎發生的每次革命不能不參有無產階級暴動的性質，拿它自己的鮮血做代價去得到勝利的無產階級，當然在勝利之後要提出它自己的要求。這些要求多少是不清楚的與模糊的，這每次要看巴黎工人的覺悟程度而定。但歸根到底，這些要求的目的，是在於消滅工人與資本家的階級的對抗。如何可以達到他們的目的，這是他們所不知道的。可是就是這些要求的本身，雖是它不十分確定但已是對於現在社會制度的危險。提出這些要求的工人，是武裝起來的。所以佔有國家統治權的資產階級的第一個任務，便是解除工人的武裝。所以在每次用工人的手取得了革命的勝利品之後，隨着即發生新的鬥爭，這鬥爭的終結，是工人的失敗。

這事第一次發生於一八四八年。屬於國會反對派的自由資產階級大張筵宴，其目的是要實現一種使他們政黨可以得到統治地位的選舉改良。對於政府的鬥爭，使他們不能不常常求助於民衆，並且慢慢地將資產階級與小資產階級內急進的與共和主義的分子，提到前面來。可是在這些人的後面，却站着革命的工人，這些工人從一八三〇年起已經得到了遠比那些有產者甚至比那些共和黨所設想的爲多的政治獨立性了。當政府與反對派的關係發生了危機之時，工人們即開始了巷戰。路易裴立伯(Louis Philipe)消失了，選舉的改革也跟着它消失了。代之而起的是共和國，而這共和國，勝利的工人們竟宣佈它爲

『社會的』共和國。到底什麼叫做社會的共和國，那誰也不知道，就是工人們自己也不知道。但他們現在已經武裝起來了，他們已是國家的一種力量了。所以當政的資產階級共和派當他們已經相當穩定之後，第一件事便是解除工人的武裝。這工作在六月暴動中完成了。他們（指資產階級共和派）的直接的食言，明顯的侮辱以及流放一切失業工人到遠方去的企圖逼使工人們不能不起來暴動。政府已經預先保證自己有極大優勢的力量，所以工人們在經過五天英勇的抵抗之後，終於失敗了。接着就開始了自從羅馬帝國陷落前的國內戰爭以來所沒有見過的大批赤手空拳的俘虜的被殺。資產階級第一次做給人家看：當無產階級敢於以單獨的階級的資格、以自己的要求起來反對它的時候，它將如何以瘋狂般的殘暴手段來對無產階級復仇，但如把一八四八年來同一八七一年的暴行相比較，那還不過是兒戲而已。

可是，資產階級不必很久的等待它所應得的處罰。如若無產階級還不能管理法蘭西，那資產階級也已經不能，至少在那個時候已經不能管理法蘭西了，那時資產階級的大多數都是保皇黨的其中分成三個皇朝的政黨，（註一）第四個才是共和黨。它的內部的相互殘殺，使冒險家拿破崙第三攫得了一切最主要的政權機關：軍隊、警察與行政機關。並且使他於一八五一年十二月（註二）推倒了資產階級的最後柱石——國民會議。第二帝國成立了，（註三）這是少數政治的與財政的冒險家對於法蘭西的剝削。但同時，工業發展的迅速，是在路易斐立伯的殘暴的與懦怯的制度下，在大資產階級中的一小部分絕對統治的時代所夢想不到的。拿破崙第三在保護資產階級不受工人的侵犯與保護工人不受資產

（註一）法國的保皇黨在那時分爲三派：一派是「合法派」，擁護波旁底「合法的」王朝；一派是「奧利恩派」，擁護奧利恩王朝；一派是「拿破崙派」，擁護拿破崙第三。——編輯部註

（註二）法蘭西共和國大總統拿破崙第三於一八五一年十二月二日舉行政變，解散國民會議，一年之後，自立爲法國皇帝。參看馬克思所著拿破崙第三政變記一書。——編輯部註

（註三）法國在拿破崙第三（一八二五——七〇年）統治的時期，稱爲「第二帝國」，以別於拿破崙第一（一八〇四——一八一四年）底「第一帝國」。——編輯部註

階級的侵犯的藉口之下，取消了資本家的政權；可是它的統治，却助長了投機事業與工業的發展，一言以蔽之，助長了直到現在沒有見過的全部資產階級的富庶與繁榮。它更厲害的助長了賣官鬻爵與大批貪齊，做這些行爲的人，團集於皇帝宮庭的周圍，他們從這種富庶上得到極大的利息。

但第二帝國是對於法蘭西國家主義的號召也就是擴張到一八一四年所失去的第一帝國邊疆，至少是第一共和國邊疆的要求。法蘭西帝國，不能永處於舊皇國的疆界之內，更不能永處於一八一五年更狹窄的疆界之內，因此就不時發生了戰爭與擴大國界的必要。最吸引法蘭西國家主義幻想的地方，就是德意志的萊茵河左岸。在國家主義者的眼中看來，萊茵河上的一平方英里，較之亞爾卑山或其他的地方的十平方英里，還要貴重得多。在第二帝國之下，歸還萊茵河左岸(一下子或是分次地)的要求實不過是時間的問題罷了。這個時間在一八六六年普奧戰爭(註二)之後是已經到來了。被俾斯麥所欺騙並被他自己的狡猾但猶豫的政策所欺騙的拿破倫，在等待着『土地報償』之際，便自然只有出之於戰爭之一法。這一在一八七〇年爆發的戰爭，遭到了西丹的大敗（註二）與威爾海姆斯罕的被囚。

失敗的必然的結果是一八七〇年九月四日的巴黎革命。帝國如像紙製的房子一樣傾覆下來。法蘭西又重新宣佈為共和國了。但在城門前站着的是敵人。皇帝的軍隊，一部分被圍困在美次，沒有放出的希望；一部分則當了德意志的俘虜。因為情形如此緊急，所以人民允許舊法國中的巴黎的議員自己組織「國防政府」。他們當然很快就答應了，因為那時一切能負險作戰的巴黎人，為了防禦的目的完全武裝起來，充當國民軍，工人就在國民

（註一）普奧戰爭是俾斯麥所謀劃的為的是排除普魯士在統一德意志時的老敵手——奧大利。普魯士在這次戰爭中戰勝了奧大利，因而保證它在德意志統一中的盟主地位。拿破侖第三在普法戰爭中保持中立，因為他希望得到德意志諸邦底領土之一部作為他保持中立的報酬；這是俾斯麥所答應的。——編輯部註

（註二）一八七〇年九月二日法國皇帝所統率的法國軍隊底主要部分在色當（Sedan（法國東北部的一個市鎮）向普魯士軍投降。——編輯部註

軍中佔據了多數。但不久以後，差不多全由有產者組成的政府與武裝的無產階級之間的矛盾，就表露出來了。十月三十一日，工人武裝隊伍佔領了市政廳，並逮捕了幾個政府的委員。政府的叛變與失信以及幾個小資產階級武裝隊伍的干涉，使被捕者得到了釋放，爲要免除在被敵所圍的城市內爆發內戰起見，還是給舊政府留下了權力。

最後爲饑餓所迫的巴黎，於一八七一年正月二十八日出降了，但它的出降條件，在軍事史上眞是空前高貴的。砲台是交出了，大砲從砲台上卸下來了，兵團與別動隊（註）被解除了武裝，並且他們宣佈了自己爲軍事的俘虜。但國民軍還是保留着槍械與大砲。它只是出來同勝利者議和。勝利者並不敢湊着凱旋曲進入巴黎，他們只是佔據了一個小小的城角，其中一部分中只包括公家的公園，而且就在這裏，他們也不過佔據了幾天工夫！圍困巴黎至一百三十一日之久的他們，在這短短時期之內，反爲武裝的巴黎工人所包圍。這些工人時刻注視着，不使一個『普魯士人』跨過他們所允許給勝利者的一角之狹窄的邊界。

（註）別動隊是拿破倫第三在一八六八年所創立的預備軍，以備在戰爭時保衛城市之用。——編輯部註

巴黎的工人竟使那些令法蘭西帝國全部軍隊放下武器的普魯士的軍隊對自己表示如何的尊敬呵！跑到這裏來想同革命的柱石算賬的普魯士的士官們，在這武裝革命的前面，却不能不恭敬地竚立起來，而不能不對之舉行敬禮！

在戰爭期內，巴黎的工人只限於有力地堅持着鬥爭的要求。可是當巴黎被交出，訂立了和平條約之後，新政府的首領梯亥爾便不能不認清，巴黎的工人武裝着一天，有產階級——大地主與資本家——的統治就一天要受到危險。所以他的第一件事情，便是企圖解除他們的武裝。三月十八日他派了野戰聯隊去奪取國民軍的大砲（這些大砲是巴黎被圍時所造而預約由公家付錢的）但這一企圖沒有達到目的，整個巴黎都拿起了武器實行自衛，巴黎與逃徙凡爾賽的法蘭西政府之內戰就此開始了。三月二十六日選舉了公社，三月二十八日巴黎公社正式宣佈成立了。一直到現在，國民軍中央委員會拿了政權，並且已經頒佈了消滅醜惡『道德警察』之命令，這中央委員會把它的全體交給了公社。三月卅日公社取消了募兵制與常備軍，宣佈國民軍為唯一武裝的力量，這國民軍是包括一切能

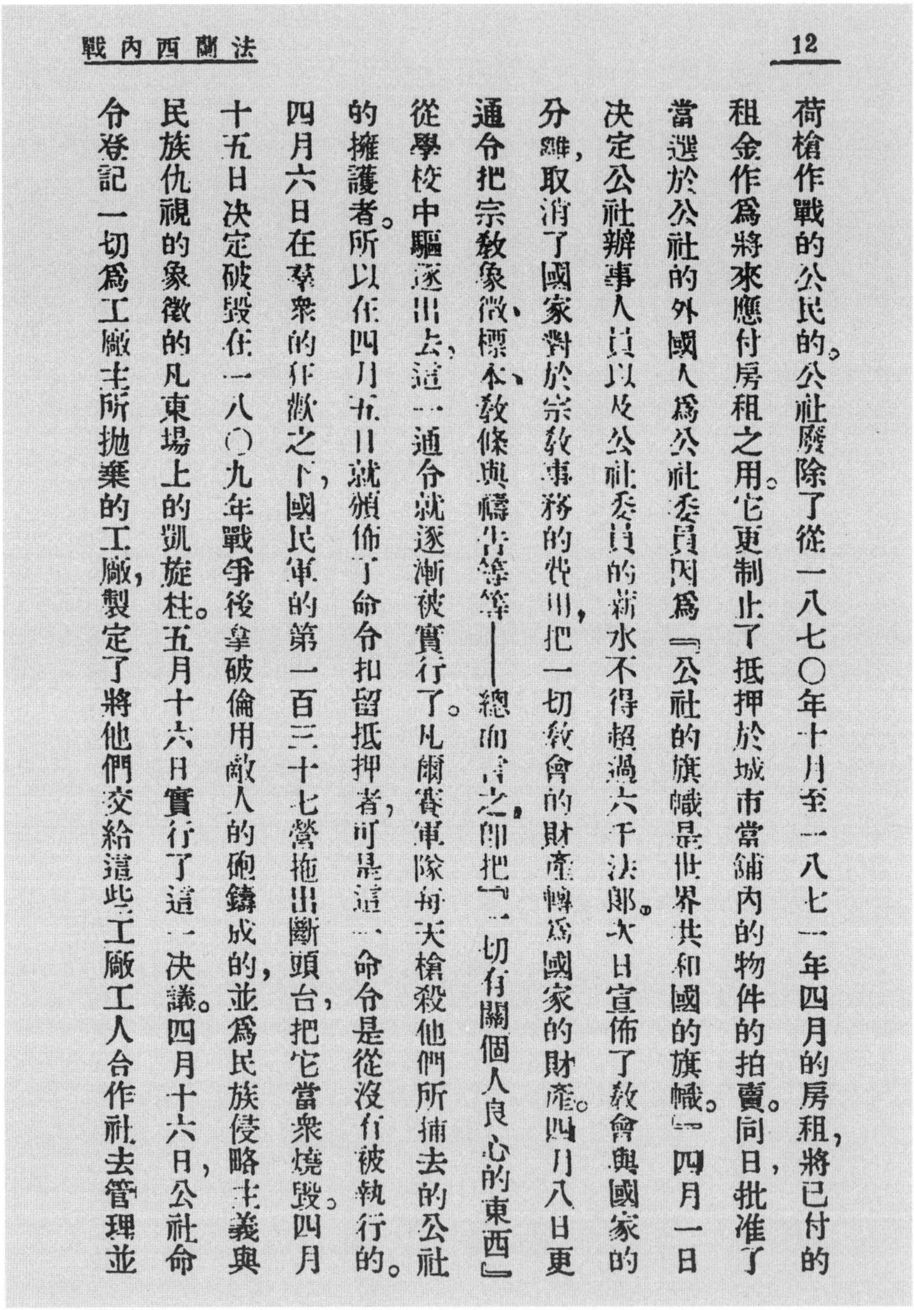

荷槍作戰的公民的。公社廢除了從一八七〇年十月至一八七一年四月的房租，將已付的租金作爲將來應付房租之用。它更制止了抵押於城市當舖內的物件的拍賣。同日，批准了當選於公社的外國人爲公社委員因爲『公社的旗幟是世界共和國的旗幟』。四月一日決定公社辦事人員以及公社委員的薪水不得超過六千法郎。次日宣佈了教會與國家的分離，取消了國家對於宗教事務的費用，把一切教會的財產轉爲國家的財產。四月八日更通令把宗教象徵、標本、教條與禱告等等——總而言之即把『一切有關個人良心的東西』從學校中驅逐出去，這一通令就逐漸被實行了。凡爾賽軍隊每天槍殺他們所捕去的公社的擁護者。所以在四月五日就頒佈了命令扣留抵押者，可是這一命令是從沒有被執行的。四月六日在羣衆的狂歡之下國民軍的第一百三十七營拖出斷頭台，把它當衆燒毀。四月十五日決定破毀在一八〇九年戰爭後拿破倫用敵人的砲鑄成的，並爲民族侵略主義與民族仇視的象徵的凡東場上的凱旋柱。五月十六日實行了這一決議。四月十六日，公社命令登記一切爲工廠主所拋棄的工廠，製定了將他們交給這些工廠工人合作社去管理並將這些合作社合併爲一個總社的計劃。四月二十日取消了麵包工人的夜工，消滅了工作介紹所（自第二帝國起以來，這是警察所指定的對於工人的頭等剝削者的專利。）工作的介紹，現在由巴黎二十個市區（註一）的市長管理。四月三十日取消了借貸處，這種借貸處是私人剝削勞動者的工具，是違反工人對於勞動工具、對於取得信用的權利的。五月五日決定拆毀爲被殺的路易十六（註二）贖罪而建立的小教堂。

這樣從三月十八日起，巴黎運動的純粹的階級性質便尖銳地表現出來了，這種性質，一直到現在是被對於外敵的鬥爭所穩蓋着的。公社的成分，差不多都是工人與公認的工人階級的代表，所以它的決議也都分明地表示出堅決的無產階級的性質。公社或是頒佈了共和主義資產階級僅僅由於懦怯而不敢實行的，但對於工人階級的自由活動却是基本條件的那些改革（例如對於國家宗教只是私事的原則的實現），或是頒佈了直接關

（註一）爲市政管理之便，巴黎分爲若干市區，各市區有一市區長爲該區之首領。——編輯部註

（註二）路易十六，在第一次法國資產階級革命時被處死刑（一七九三年一月二十一日）。——編輯部註

係工人階級利益的且並在相當程度內深刻刺入現社會制度的那些決定。但在被圍的城市中，這些決定只能做到第一步，從五月初起，公社就已經用所有一切力量去和數量上日益增加的凡爾賽政府的軍隊進行鬥爭。

四月七日，凡爾賽人奪取了巴黎西部戰線上賽拉河旁納依（Neuilly）渡口，但四月十一日他們向南線進攻時就被愛特（Eudes）將軍打敗了，而且使他們受到極大損失，那些如像聖者一般咀咒普魯士人砲擊巴黎的人，現在他們自己也不斷地砲擊巴黎了。這些人，現在要求普魯士政府快些歸還在西丹與美次所俘的法蘭西兵士，以便他們可以因其幫助來奪取巴黎，這些軍隊的逐漸歸還，使凡爾賽人自五月初起佔了決定的優勢。這在四月二十三日已可清楚看到了，當時梯亥爾已經停止和公社所進行的談判（這一談判原來公因社建議而開始的，其目的，是把在巴黎拘押的巴黎主教與其他很多教士去和二次當選為公社委員當時還被監禁在克里爾華 Clairveaux 的勃朗基 Blanqui 對換），這在梯亥爾演說口氣的改變中更明白的表現出來：向來講話很謹慎很含糊的他現在忽然變成大胆的，粗暴的與威嚇的了。五月三日凡爾賽人佔據了南部陣線的茅林薩葵(Moulin Saquet)的高墩，九日佔據了被大砲轟毀了的依西（Issy）砲台，十四日佔據了萬維斯（Vanves）。在西部戰線上，他們在佔據了很多鄉村與建築物並延伸到了城牆脚下之後，就漸漸進攻到最主要的防線了。五月二十一日由於叛變由於那裏國民軍的不謹慎的結果，他們闖進了城市。佔據北部與東部砲台的普魯士人讓凡爾賽人通過那些依照和議條件他們所不能通過的區域去攻擊城的北部，以致他們能從防備較弱的很長戰線上（在那裏，根據議和條件，巴黎人認爲是能夠保證不受侵犯的）實行進攻。這就說明爲什麽在巴黎西部以及在城市的富有區域，抵抗是比較的薄弱。這種抵抗，當敵軍愈是接近京城東半部，愈是接近工人區時，就愈是變成有力與頑强了。只在經過十八天的鬥爭之後公社的最後擁護者才在貝爾維爾（Belleville）及米尼爾蒙當（Menilmontant）的高處倒地了，那時赤手空拳的男子、婦人與小孩之橫遭慘殺達到了極高度。這種殘殺，以更大的殘酷來進行，並且延長了整個的星期。用新式槍械來殺人還不夠快，結果更用溜彈砲去整千整萬地屠殺被征服者貝爾拉希斯（Perelachaise）坟地上的公社社員的城牆，至今還屹然長存在那裏曾施行了最後的大批的殘殺這一城牆是啞口的同時又是很多表示的證人說明當無產階級敢於出來保護自己權利之時統治階級是會進行如何瘋狂的屠殺於是開始了大批的逮捕因為不能將所有被捕者完全殺掉，所以從其中任意抽出好些犧牲者拿來槍斃，其餘的則關在一個大營房中，等待軍事法庭的審判。從東北圍困巴黎的普魯士軍隊，得到了不准放鬆一個逃亡者的命令，但當兵士們服從他們的人道的感覺較甚於服從他們的長官之時，他們也只能裝做不知而已。特別表示出自己人道行為的，是薩克遜軍團，他曾經放走了很多分明的公社的擁護者。

如若現在，在二十年之後，回顧一下巴黎公社的活動與歷史意義，那我們就可看到內戰的敘述，還需要有相當的補充。

公社社員共分兩部：大多數為勃朗基主義者，在國民軍中央委員會中間佔統治地位；少數為國際工人聯合會會員，可是主要是蒲魯東的信從者。那時，勃朗基主義者之所以是社會主義者，大部分只是根據他們的革命無產階級的本能，其中只有很少幾個靠着那位知道德國科學社會主義的凡蘭（Vaillant）的幫助，才得到對於基本原則的比較明白的了解。這就說明爲什麼在經濟方面忽略了很多我們現在看來所必須要做的工作。尤其使我們不能了解的，是公社對於法蘭西銀行的寬大態度，這也是非常重大的政治的錯誤。把銀行拿到公社手中，這比一萬個抵押者都還有更大的意義，這將會使法國的資產階級，對凡爾賽政府施用壓力要它來同公社議和吧。但是尤其令人注意的，就是雖然公社是由勃朗基主義者與蒲魯東主義者組成，但它的行動却常常是完全正確的。很明顯的，對於公社的經濟方面的訓令，不論是其優點或是缺點，負責的人，首先是蒲魯東主義者。對於政治的行動與缺陷，負責的人，是勃朗基主義者。像經常所發生的，當政權落到信條主義者手內時，他們的某些行動却正會同他們學派的信條上所寫的完全相反，這眞是歷史的諷刺。

蒲魯東——這個小農與小手工業者的社會主義者，對於組合是痛恨的。他說，組合的中間，不好的地方超過好的地方，組合在其本質上是沒有效果的，它甚至是有害的，因爲它是束縛工人自由的鎖鍊，是空洞的信條，是無用的、繁重的、不但違反工人的自由，而且，也是違反節省勞動的原則的；它的缺點比較它的優點發展得快，同組合相反，競爭、分工、私有財產却是經濟的力量。組合只有在大工業與企業中，如像鉄路中，才可以應用；但這樣的蒲魯東的意見，不過是特殊的場合而已。（參看他的著作革命的一般見解Ideagenerale de la Revolution第三版）

在一八七一年，就是在奢侈品手工業生產中心的巴黎，大工業也已經不是稀有的現象了。公社最重要的命令卽要求把這種大工業以至把手工業組織起來，這種組織不但依據於每一工廠的工人組合，並且還依據於聯合所有這些聯合爲一個大聯合。

這樣的組織，像馬克思在內戰中所正確地說明的，必然會達到共產主義，達到與蒲魯東主義直接相反的一面。這就是爲什麽我們說公社是蒲魯東的社會主義學派的坟墓。這學派，現在在法蘭西工人中間已經消失了；不論在『可能派』（Possibilistes）中間，或是在『馬克思主義者』中間，（註一）都統治着馬克思的學說。蒲魯東主義者只有在『急進的』有產者中間還可以遇到。

勃朗基主義者的遭遇，也並不比較好些。向來就受教於陰謀派學校，慣於服從陰謀的嚴厲紀律的他們，以為用比較少數的勇敢的、很有組織的人，在某種順利的條件之下，就不僅可以奪得政權，並且用極大的努力來幹，還能夠保持政權，直至把民衆吸引到革命方面來，把他們環繞於少數領袖的四周為止。為了這個目的，首先必須把全部政權掌握在新的革命政府手中，成為最嚴格的專政的集中。勃朗基主義者佔據大多數的公社，做了些什麼呢？它對法蘭西各省發表了宣言，其中號召人民將一切公社同巴黎聯合為一個自由的聯

（註）法國工黨在一八八二年愛田（Etienne）大會時分裂為兩派一派擁護勃洛寒（Brousse）（可能派，是出自「可能」這個名詞，即是指順應「可能性」的人們）一派擁護蓋德（Guesde）（馬克思主義者。機會主義派——可能派或勃洛寒派——為獵取選舉的勝利而否認黨綱，他們的煽動只限於「可能實現」的要求；他們進行反對黨的紀律之鬥爭，要求地方黨部對於選舉綱領底問題，對於與其他政黨聯合的策略都有自主權。——編輯部註

邦，爲一個眞正的國民第一次自己造成的國家組織。常備軍、政治警察，官僚，一切這些爲一八七九年拿破倫所造成的舊的集中政府的壓迫權力從那時以來，都爲每一新政府用來反對它的敵人的便利的工具，——這種權力應該到處被消滅，如像它在巴黎被消滅一樣。

公社不得不從最初就承認，獲得政權的工人階級，不能利用舊的國家機關來進行統治；如若工人階級不願意失去它剛才獲得的政權時，則它應該：一方面取消全部舊的，直到現在用來反對它自己的那種壓迫機器；第二，保證它自己不受它自己僱員與全權代表的危險，宣佈他們在任何時候都可以被調動與撤換。

一直到現在，國家的特徵在那裏呢？最初社會用簡單的分工的辦法，替自己建立特殊的機關來保護自己的利益，經過了相當的時期，這些爲他們特殊利益服務的機關（其中主要的是國家政權）從社會的僕人變成社會的主人了。這不但在世襲的君主政體內，即在民主的共和國內，也是如此的。在世界上沒有一個地方像美國那樣，『政治家』成爲國家的如此特出、如此有力的部分，那裏兩大政黨（註）互相更迭的佔着統治的交椅，這種政黨裏面的管理者，又是那些把政治當作謀利事業的人，他們拿合衆國國會或是各州州議會的議席當做投機事業，或是以替本黨煽動為生活，在本黨勝利之後則得到相當職位的報酬。大家都知道，在最近三十年來，美國人為了推翻這種不能令人忍耐的桎梏，不知道花了多少氣力，然而，他們都還是一天一天跑到賣官鬻爵的泥坑中去。正是美國可以最明顯的看出，這國家政權如何從社會的工具變成了特出於社會的機關。那裏沒有皇朝，沒有貴族，沒有常備軍（除了幾個監視印第安人的兵士之外），沒有那種擁有經常位置與領取養老金權利的官僚。然而我們可以看到兩派政治的投機家；如何輪換地佔據政權，用最骯髒的方法為最卑鄙的目的來運用這一政權。——而全國國民，則無力起來反對這兩大政客的聯合，這些人表面上是給國民服務，實際上却是剝削他們與統治他們的。

（註一）共和黨與民主黨在早先時期，民主黨是代表地主的南部底利益，共和黨是代表工業的北部底利益。現在，這兩黨都是金融資本底代表。——編輯部註爲了反對這種國家機關從社會的僕人變成爲社會的主人（這種轉變在一切直到現在所有的國家中必然要發生，）公社採取了兩個不錯的辦法：第一，一切職務，行政官、法官、教員都任命總選舉所選的人去担負同時確定了根據選舉人決議隨時可以撤換被選舉人的權利；第二，一切公社的辦事人，不論是上層的與下層的，都只得到其他工人所得到的薪額。公社一般所付的最高薪俸只有六千法郎。這樣，就是沒有公社給與代表機關的代表之確定證書（公社是格外的引用了這種證書的，）公社也已向爭權奪位鑽營私利的行爲築下了有效的障礙物了。

在內戰第三章，很詳細的敘述了這種舊的國家政權的摧毀與新的眞正民主的政權代之而興。我們以爲在這裏有簡略的挑出這種過程的幾個要點來說一下的必要，因爲在德國，對於國家的迷信的崇拜，已經從哲學轉爲資產階級的甚至許多工人的共同意識了。根據德國哲學的學說，國家是『觀念的實現』或是翻譯爲哲學語句的話，是『上帝在地上的統治』，在這領域上似乎實現着或是應該實現出永久的眞理與正義。從這上面，就產生對於國家，與對於一切有關國家的事物之迷信的尊敬。而且因爲人們從出世以後，即習慣於那種思想，以爲全社會的共同的事業與利益，如不用以前的方法，即不經過國家與其高俸厚祿的官吏之助，就不能實現與遵守，正由於如此，所以對於國家的尊敬，就更容易深入腦中了。

人們設想着，如果他們脫離對於世襲君主政權的信仰而開始成爲民主共和國的擁護者時，他們將是實行非常勇敢的行動。實際上國家不過是一個階級壓迫另一階級的機器；這在民主共和國，並不比較君主國爲差。國家最好也不過是在爭取階級統治的鬥爭中得到勝利的無產階級所承受到的不良之物能了，勝利的無產階級，根據巴黎公社的前例，必須要盡可能迅速地消滅這不良之物的最壞方面，直至在新的自由的社會制度中成長起來的後代，最沒有力量把這國家機關的拉圾拋棄的時候。

近來德國社會民主主義的庸人，（註）又開始在『無產階級專政』幾個字的前面體驗到最大的恐怖了。親愛的先生們，你們願意知道專政是什麼樣子嗎？請看巴黎公社吧。這就是無產階級的專政。

一八九一年三月十八日巴黎公社二十周年紀念作於倫敦。

(註)在一九三二年以前所出版的各種版本中原文都有「德國的庸人」這幾個字這是僞造的。莫斯科的馬克思恩格斯列寧研究院所保有的恩格斯的原稿所寫的是「社會民主主義的俗人」。「社會民主主義的」這幾個字後來被劃去而把「德國的」這幾個字加進去，塗改的筆跡不是恩格斯的，而是不知何人的筆跡。

——編輯部註

國際工人聯合會總委員會爲普法戰爭告歐美各分會全體會員第一書

在一八六四年十一月我們聯合會的成立宣言上，我們說過：『如若工人階級的解放，要求有工人的兄弟團結及共同合作，那末當對外政策追求着犯罪的目的，玩弄着民族的成見，並且在掠奪的戰爭中摧殘民衆的鮮血與財產之時，工人階級如何能完成這偉大的使命呢？』我們當時用下列幾句話說出國際所要達到的對外政策：『私人在相互關係上所應遵守的簡單的道德與正義的法則，應成爲各國相互關係上的支配規律。』

那個利用法蘭西內部階級鬥爭而篡得自己政權，並利用許多對外戰爭來延長自己政權的拿破倫第三，一開始就把國際當作最危險的敵人來看待這實是不足爲怪的。在國民投票（註一）的前夜，他在巴黎、里昂、路安、馬賽、勃雷斯脫，總之在全法國，都向國際工人聯合會執行委員會的委員舉行進攻，（註二）說因爲國際是一個秘密的團體，並且說，它準備着一種以殺死他爲目的之陰謀，這種虛構之無稽，不久就被他自己的法官所指破了。究竟國際的法國支部的眞正罪惡在那裏？它的罪惡就是在它公開的向法蘭西民衆說：贊成『國民投票』，就是等於贊成國內的專制與對外的戰爭。事實上，他們的工作就是在於使得法國的工人階級，如像一個人一樣，在法國一切大都市與一切工業中心起來反對國民投票。不幸，因爲鄉村區域的深刻的無知，工人階級的呼聲是被壓倒下去了。交易所、列強的內閣、統治階級以及差不多一切歐洲的報紙，都慶祝國民投票的勝利，以爲這是法蘭西皇帝

（註一）拿破侖第三爲要鞏固他的帝國並破壞共和主義在國內的煽動，就安排舉行『國民投票』，在一八七〇年五月八日全國要對政府底某些自由主義的改良與憲法的修改表示態度，贊成新憲法因而贊成帝國的有七三五八七八六票，反對的有一五七一九三九票，棄權的有一八九四六八一人。——編輯部註

（註二）這是指在帝制之下對國際工人聯合會的第三次的法庭起訴。——編輯部註

對於法蘭西工人階級的絕大的勝利；可是實際上，國民投票不是絞殺某一個人，而是絞殺全體國民的信號。

一八七〇年七月的軍事冒險，（註三）只是一八五一年十二月國家政變的修正版，初看起來，事情是如此的荒謬，以至使法國不願意相信關於戰爭的謠傳之嚴重性。大家卻更相信那些認為總長的挑戰的演說實不過是交易所把戲的議員們。最後，當七月十五日，關於戰爭的事情已正式向立法團聲明時，全部反對派都拒絕批准初步的用費；梯也爾自己還咀咒戰爭，以為這是「下流的」事。一切獨立的巴黎的報紙都斥責這戰爭，而且很離奇的，即各省的報紙也差不多完全是同它們同意的。

同時國際在巴黎的會員重新開始工作了。在里衣爾（Reveil）上，他們於七月十二日公佈了給全世界工人的宣言，其中說：

『政治的自大在保護民族尊嚴與歐洲均勢的藉口之下又威脅到整個的和平了。德

（註三）德法戰爭開始於一八七〇年七月十九日。——編輯部註

意志的與西班牙的工人們！聯合你們的呼聲爲一個總的反對戰爭的怨吼吧。：爲着霸權問題而起的戰爭，或者，爲着某一皇朝的利益而發生的戰爭，在工人們眼中不是別的，只是犯罪的愚蠢而已。我們，需要和平工作與自由的我們，大聲的抗議那些能在血的賦稅（指兵役）中贖出自己的人們之挑戰喊聲，那些以社會的不幸爲新的投機事業源泉的人們之挑戰喊聲！：我們的德意志的弟兄們！我們中間，法蘭西工人與德意志工人中間互相仇恨，其唯一結果只能使萊茵河兩岸的專制政權完全勝利：全世界的工人們！不論在當前這一時期內我們共同努力的結果如何，我們國際工人聯合會的會員（對於他們任何國家的界限是沒有的，）我們從法國工人方面向你們致誠懇的願望與敬禮，以作不可分離的團結的保證。』

在我們巴黎支部的宣言之後，接着，發現很多的法蘭西的宣言。我們現在只能引用其中之一。這乃是屬於賽納河畔納衣支部的宣言，公佈於七月二十二日馬賽報上。其中說：『這一戰爭是公平的嗎？不！這是民族的戰爭嗎？不！這完全是皇朝的戰爭。爲了正義，爲了民主，爲了法蘭西的眞正利益，我們完全而且用盡全力贊助國際對於戰爭的抗議。』

這些抗議表示出法蘭西工人的眞正感覺，這不久在一次有趣的事件內，就明顯地表現出來了。當「十二月十日社」（這社是在拿破侖第三就總統職時組織的）的一夥改穿了工人的藍衫跑到街道上想利用紅人的戰爭的跳舞煽起戰爭的熱狂之時，——市郊的眞正工人却以盛大的擁護和平的示威來回答他們，以致使警長彼德立不得不認爲必須立即禁止以後街道上的任何示威遊行，其藉口是盡忠的法蘭西人民已經足夠地表現了他們的久已懷抱了的愛國主義，並且已經爲他們自己無窮盡的熱情找得了出路。

不論拿破侖第三同普魯士的戰爭如何結束，第二帝國的喪鐘是已經在巴黎鳴着了，第二帝國的終結已像它的開始一樣：是可憐的模仿的滑稽劇。但是不應忘記，正是歐洲的許多政府與統治階級使拿破侖第三能在十八年內有扮演帝國復辟的殘酷的滑稽劇之可能。

對於德意志方面，這戰爭是防禦的戰爭，（註一）但是誰使德國陷入於必須防禦的狀況中去的呢？誰使拿破倫第三有向德意志進行戰爭的可能呢？普魯士同拿破倫第三玩弄陰謀的，不是別人！正是俾斯麥，他想以此來鎮壓普魯士內部的民主的反對派，使德意志牢牢的固定在何亨佐親皇朝的手裏。如若薩多渥（Sadowo）一役，（註二）沒有獲勝而遭受

（註一）在德國這方面、戰爭是自衛戰爭。因為拿破崙主義的法國、是要使德國分裂、阻止德國的統一（民族的統一問題曾是德國資產階級革命底一個基本問題）。所以德國反抗拿破崙的法國而從事戰爭，是自衛的性質。馬克思與恩格斯一方面說戰爭在德國方面是自衛的性質、同時要求德國工人政黨應該：（一）把德國民族的利益與普魯士王朝的利益很明確地分開來；（二）反對亞爾薩斯勞倫之吞併；（三）巴黎一被共和主義的非民族侵略主義的政府掌握政權，便立即應當講和；（四）不停地鄭重主張德國與法國的工人團結起來（他們都不贊成戰爭、他們相互間也沒有什麼爭端。）

——編輯部註

（註二）一八六六年七月三日薩多渥（Sadowo、在波希米亞）之役、在普奧戰爭中起了決定的作用。普魯士戰勝了奧地利之後，奧地利就被排出於德意志聯邦之外，俾斯麥底德國統一計劃底主要部分就告完成了。（北德聯邦的建立。）

——編輯部註

失敗，那末法國的軍隊，將會以普魯士同盟者的資格滿佈於德意志。難道普魯士在得勝之後，曾有一分鐘想到將自由的德意志去和被奴役的法蘭西相對抗嗎？恰正相反！它拚命保持了自己舊制度的一切陳腐的妙處，並且爲補充起見還向第二帝國學來它的一切鬼計，如像它的實際的專制與假裝的民主，它的政治上的欺詐與財政上的竊盜，它的漂亮的言論與最下流的行爲。在此以前，只在萊茵河左岸繁榮着的拿破倫主義的統治，此時，在萊茵河右岸也找到它的配偶了。在這種情形之下，除了戰爭，還能等待到什麼呢？

如若德國的工人階級，容許這一戰爭失去其純粹防禦的性質，而蛻化爲反對法蘭西民衆的戰爭，那不論是勝利，不論是失敗，都同樣是毀滅之路。德國在所謂解放戰爭之後所遭受的一切不幸，將更殘酷的重新加到它的身上。

可是國際的原則，在德意志工人階級中間已是如此的廣佈如此的深入，使我們不必恐懼如此悲慘的結果。法國工人們的呼聲，已在德意志找到了它的回響。七月十六日在勃朗希唯格（Brunswick）召集的盛大工人大會宣稱它完全同意於巴黎的宣言，很堅決地拒絕任何對法蘭西表示民族仇恨的思想，並且在通過的決議中說：『我們是一切戰爭，首先是皇朝戰爭（註）的敵人……我們帶着深刻的悲哀與痛苦看到自己不能不參加這個防禦的戰爭，如像參加不可免的惡事一樣；但我們同樣號召德國的整個工人階級要努力使如此可怕的社會的不幸再不能重複，同時爲民衆取得自己解決那戰爭與和平問題的權力，這樣使民衆成爲它自己命運的主人翁。』

在五萬薩克遜工人的全權代表的開姆尼茨（Chemnitz）大會上，一致通過了如下的決議：『以一般的德國民主主義者的名義，特別是以社會民主黨的工人的名義，我們宣佈，現在的戰爭，完全是皇朝戰爭……我們很快樂的握住法國工人們伸給我們的兄弟的手……記住國際工人聯合會的口號：『一切國家的無產者，聯合起來呵！』我們永不會忘記全世界的工人是我們的朋友，全世界的專制魔王是我們的敵人。』

（註）在法國這一方面，普法戰爭是王朝的戰爭。拿破崙第三希望用對外作戰勝利去挽救拿破崙帝國的崩潰。

——編輯部註

國際的柏林支部，同樣的回答巴黎的宣言道：『我們以十二分誠意擁護你們的抗議：我們敢立下偉大的誓言，任何軍號的響聲，任何大砲的轟擊，任何勝利，任何失敗，都不能使我們拋棄我們的共同事業——全世界工人聯合的事業。』

在這自相殘殺的鬥爭的幕後，呈現出俄羅斯的兇相。正當俄國政府完成了對於它有重要戰略意義的鐵路並向普魯脫方向集中了軍隊之時，發出當前戰爭的信號——這是很壞的徵兆。雖然德國人在反對拿破倫進攻的防禦戰爭中有全權獲得同情，但是只要他們容許普魯士政府請求哥薩克的幫助或只是接受這種幫助，那末他們便立刻要失去這種同情。讓他們好好記着德意志在它反對拿破倫第一的獨立戰爭之後幾十年內都是無助地匍匐於沙皇腳下的這件事吧。(註)

(註)德國與沙皇的俄國聯盟，而向拿破倫第一作戰，在打敗了拿破倫第一之後(一八一四至一五年)創立了『神聖同盟』。由於『神聖同盟』，俄國在國際政治上獲得巨大的影響，而開始扮演『歐洲的憲兵』底角色。普魯士呢，如馬克思所說，變成爲『歐洲諸國馬車之第五個車輪』(馬車只有四個車輪，第五個車輪

就是無用的東西——譯者。）——編輯部註

英國工人階級，兄弟般地將他們的手伸給法國的工人，正如他們伸給德國的工人一樣。他們相信，不論現在的可憎的戰爭如何終結，全世界工人的聯合，最後是要根絕一切戰爭的。在官場的法蘭西與官場的德意志進行自相殘殺的搏鬥時，工人們却相互致送和平與友愛的盛詞。只是這一件在歷史上無與倫比的事實已經展開着對於更光明的將來之希望。這事實指示出，與經濟貧窮、政治荒謬的舊社會相反的新社會，是在誕生着了，這新社會的國際原則就是和平，因爲在一切民族中，將只有一個同樣的統治原則——即勞動。

這新社會的預告者，是國際工人聯合會。

一八七〇年七月二十三日倫敦。

國際工人聯合會總委員會爲普法戰爭告歐美各分會全體會員第二書

在我們七月二十三日的第一宣言中，我們說過：『第二帝國的喪鐘是已經在巴黎鳴着了。第二帝國的終結，正像它的開始一樣：是可憐的模彷的滑稽劇。但是不應忘記，正是歐洲的許多政府與統治階級使拿破倫第三能在十八年內有扮演帝國復辟的殘酷滑稽劇之可能。』

這樣，在軍事行動開始以前，我們已把拿破倫主義的肥皂泡看作是過去之事了。

我們對於第二帝國的生活能力的問題，是沒有陷入迷陣的。我們對於在德意志方面『戰爭會失去它的純粹防禦的性質而蛻化爲反對法蘭西民衆的戰爭』的危懼，也是沒有錯誤的。在拿破倫第三出降，西丹投誠，並在巴黎宣佈共和國的時候（註）防禦的戰爭眞的是已經終結了。但遠在這些事件以前，當拿破倫第三的軍國主義的完全腐敗已經顯露出來時，普魯士軍事當局已决定把戰爭變爲掠奪的戰爭了。固然，威廉王自己在戰爭開始時的宣言，對於這些老爺們是不爽快的障礙物。在他對北德意志國會所作的即位演說中，威廉莊嚴地說，他之進行戰爭只是反對法國的皇帝，而不是反對法國的民衆。八月十一日，他對法國國民發表了宣言，其中說：『法王拿破倫在海上與陸上都向德意志國家進攻，而德意志國家在從前和現在都是願意同法蘭西人民和平共居的，我担負起指揮德國軍隊的職責，爲的抵禦他的進攻，而戰事的過程却使我超越了法國疆界。』在威廉聲明了他担負起指揮德國軍隊的職責『爲的是抵禦進攻』之後，他自己還不滿意，他爲着更加證實『戰爭的純粹防禦性質』起見，更增加着說，只是因爲『戰事的過程』使他『超越了法

（註）九月二日色當之役，法軍大敗，法國皇帝被俘。九月四日，法國宣佈共和，而所謂『國防政府』就成立了。——編輯部註

國的疆界』防禦的戰爭，當然是並不排除『軍事的過程』所決定的進攻行動的。

這位『仁慈』的皇帝就這樣莊嚴地在法蘭西與全世界的前面允許舉行純粹防禦的戰爭。如何使他能從這種莊嚴的允許中解放出來呢？這幕滑稽劇的導演者必須設法把事情描寫成那樣。似乎威廉之睽離德意志人民的堅持要求，是出於不得已的。為了這個目的，他們立刻將暗號給予德國自由資產階級；其中包括教授與資本家、議員與新聞記者。這一資產階級，在一八四六年——一八七一年為公民自由而鬥爭的時候，表示出空前的懦怯、不堅決與無能力，現在看到要在歐洲舞台上演出德意志愛國主義的台柱的角色，當然感動的了不得。它（指普魯士自由資產階級——譯者）戴着公民獨立的假面具，為的是裝出似乎它強迫着普魯士政府…去實行這一政府自身的秘密計劃。它埋怨自己為何長久地，差不多是宗教般地信仰拿破侖第三之神聖不可侵犯，所以大聲地要求法蘭西共和國的分裂。我們現在拿一分鐘時間來研究一下這些『愛國主義』武士們所散播的華麗的見解吧。

他們不敢斷定亞爾薩斯與勞倫的人民是渴望着德意志的懷抱。却正相反，爲着要懲罰史德拉斯堡對於法蘭西的愛國心，『德意志的』開花彈曾經徒然地、野蠻地（因爲在軍事上說重要的不是城市而是獨立分佈的堡塞）向該城轟擊了六天，打死了很多赤手空拳的居民。還說這些省份的土地似乎在很久很久以前就是屬於德意志帝國的！如若拿這理由做根據，那末難道不要把這地方的全部土地及人民充公作爲德意志的自古已有的私有財產嗎？你們知道，如若依照古代歷史愛好者的稱心的意思來恢復歐洲的舊日版圖，那無論如何不能忘記，從前勃蘭德堡侯爵曾經以普魯士王侯的資格充當過波蘭共和國的屬下。

但是巧妙的愛國之士，要求把亞爾薩斯與勞倫的德人部分作爲反對法國進攻的『物質的保障』。因爲這種可鄙的藉口，在許多思想薄弱者的頭腦中種下了紛亂，所以我們以爲比較詳細地來研究這一點，實是我們的責任。

無疑的，亞爾薩斯與其萊茵河對岸的一般地形，以及差不多正在巴塞爾與蓋爾曼依斯姆半途上的史德拉斯堡那樣大的砲台的存在很容易使法蘭西侵入南德意志，而南德意志却因爲這原因在某種程度上却很難侵入法蘭西。更無疑地，亞爾薩斯與說德語的勞倫之歸併於德國，會強大地鞏固南德意志的邊界，那時，它將能夠控制華格斯山整個山脈，佔取屏障北方出口的砲台。如若美次再被併入，那法國立刻就會失去反對德國的兩大軍事據點，雖然這還並不能阻止它再在內西（Narsy）與凡爾登建設新的砲台。德國有高伯萊茨（Koblentz）曼茨（Mainz），格梅斯海姆（Cetmersheim），拉斯塔特（Rastatt）與烏爾姆（Ulm），這些都是專用來反對法蘭西的軍事據點。德國在最近一次戰爭內，很好的利用了他們。那它還有絲毫什麼權利嫉妬在這一區域只有兩個重要砲台，（美茨與史德拉斯堡）的法國呢?

此外，只有在南德意志與北德意志分散的時候，史德拉斯堡才能危害於南德意志，從一七九二年到一七九五年，南德意志從沒有一次因爲普魯士曾參加了反對法蘭西革命的戰爭而從這方面受到攻擊。但當普魯士於一七九五年訂立了單獨的和約不再顧及南德意志的時候，對於南德意志的攻擊就開始了，並且一直繼續到一八〇九年，當時史德拉斯堡變成了軍事據點。實際上，如若德國集中它的一切軍隊於沙爾魯依（Saarlouis）與蘭稻（Landau）之間（如像在這一次戰爭中所做的那樣），並將他們推向前面或是在馬茵茨與美次的路上作戰，那末統一的德意志儘可以不受史德拉斯堡及亞爾薩斯任何法國軍隊的威脅，只要德國的軍隊在那裏駐紮着，那一切從史德拉斯堡進攻南德意志的軍隊，都有同根據地隔絕的危險。如果最近的軍事行動有所證明的話，那末所證明的只是從德國容易向法國進攻的這一點罷了。

但，老實說吧，把軍事的觀點變成決定國界的原則，難道不是盲目與時代錯誤嗎？如果依照這樣的規律，那奧大利就還可以有權要求威尼斯與尼西亞，而法蘭西為着保護巴黎就可以要求萊茵河一帶，因為巴黎可能從東北受到進攻的危險，比較柏林可能從西南受到進攻的危險重大的多。如若國界是按軍事的利益來決定的話，那這種要求便沒有終結，因為一切軍事的畛域，都有它們的缺點，而這種缺點只有併吞新的區域才能得到改良。此外，這些界限，決不能被最後的而且公平的劃定，因爲每一次劃界時，總是勝利者向着失敗者提出所決定的條件，而這裏已又種下了新戰爭的種子。

在國家與國家之間的情形，正像在人與人之間一樣——這是一切歷史教導我們的。爲得要使他們沒有進攻的可能，就必須奪取一切他們所有的防禦工具。不但要捉住他們的喉頭，而且要弄死他們。如若說，在某一時候某一個勝利者曾經得到過一種破壞對方民族力量的『物質保障』的話，那這就是拿破倫第一在推爾西德條約中（註）在他對普魯士與其他德意志國家實行這條約時所做的事。可是幾年之後，一切這些偉大的力量在德意志前面如像烟一樣的消散了。可是德意志在它野蠻的夢想中所希望從法蘭西得到的『物質的保障』同拿破倫第一從德國所得到的比較一下，表示出什麼呢？這一次的結果將是同樣的毀滅之路。歷史的報應不是依照從法蘭西所得土地的平方英里來計算的，而是

（註）依照着一八〇七年的推爾西德條約法國强迫普魯士縮減陸軍，償付一萬萬搭爾（Talers——德國銀幣）賠款，並割讓東部與西部的領土。

——編輯部註

依照犯罪（就是十九世紀後半期所重新興起的掠奪政策）的大小來決定的。

德意志愛國主義的擁護者對我們說但是你們不應該把德意志人同法蘭西人混淆起來；我們所需要的不是光榮而只是安全德意志人——實際上是愛好和平的民族。在他們沉靜的注視中間，他們甚至把侵略從將來戰爭的原因變爲永久和平的保證了。自然在一七九二年將自己軍隊驅入法國想藉槍刺之助去達到壓倒十八世紀革命之目的的，並非德意志！而汚着手去奴役意大利，鎮壓匈牙利與瓜分波蘭的，也並非德意志！他的現有的軍隊制度，把一切壯年男子分成兩部分，（常備軍與後備軍），而且任何部分都須絕對服從他們的長官，——這制度自然是全體和平的『物質的保障』，是文明的最高目的！在德國，如像別處一樣，政府的走卒總是用虛僞的吹噓來强奸社會的輿論。法國的砲台，美次與史德拉斯堡，很使德國的愛國主義者憤激，但是他們在俄國的巨大的要塞網（華沙、馬特林、伊凡城）中，却不見有什麽不公平，在拿破侖進攻危險之前戰慄着的他們，對於沙皇壓迫的全部恥辱閉目不視。

正像在一八六五年俾斯麥同拿破倫第三交相允諾一樣，在一八七〇年同樣情形發生於俾斯麥與高察可夫之間。（註一）正像拿破倫第三渴望着一八六六年的戰爭在其耗竭雙方（奧地利亞與普魯士）力量後，將會變成德意志運命的支配者一樣，亞歷山大也渴望一八〇年的戰爭在耗竭德、法力量之後將有變成整個西歐運命的支配者之可能。正像第二帝國認為自己不可能同北德意志同盟同時存在一樣，沙皇俄羅斯也應該感覺到以普魯士為首的德意志帝國方面所給的危險。這是舊日政治制度的規律，在這制度中間，一國之勝即別國之負。沙皇對於歐洲的重大的影響，是基於他對德國的傳統的優勢。當在俄國本身火山似地社會力量動搖着沙皇制度的根基時，沙皇能容許他的外部力量的衰落嗎？莫斯科的報紙已經用一八六六年戰爭後拿破倫的報紙所用的口氣說話了。（註二）

（註一）在一八六五年，拿破倫第三答應俾斯麥在普奧發生戰爭時，法國保守中立。在一八七〇年，俄國外交部長高察可夫（Gorchakov）答應在普法戰爭中俄國保守中立。——編輯部註

（註二）俄國的報紙攻擊俄國政府對於普魯士的友誼的態度。——編輯部註

難道德國的愛國主義者竟以爲强迫法蘭西投到俄國的懷抱中去可以保證德意志的自由與和平嗎?如若軍事上的僥倖,對於自己勝利的驕傲以及皇朝的陰謀,推動德意志走上用掠奪去佔據法蘭西區域的道路的話,那末在它的前面只有兩條路:或者它應該用盡一切方法成爲俄國掠奪政策的分明的一個工具,或者它應該在短期的休息之後,開始準備『防禦』戰爭,不是那『地方的』戰爭,而是人種的戰爭,而是反對聯合的斯拉夫種與羅馬種的戰爭。

德國工人階級沒有阻止這一戰爭的可能,它把這一戰爭作爲爲着德國獨立、爲着把德國與全歐洲從第二帝國的腐爛着的羈絆之下解放出來的那種戰爭,而用力地來擁護它。德意志的工業工人及鄉村工人組成了英勇的軍隊的骨幹,而他們家庭中的人丁,却處於半飢半餓的狀態之中,他們不僅過着國外戰場上的困苦,而且還有家庭貧困的極大痛苦在等候着他們。他們現在也要求『保證』,保證他們的無數的犧牲不會付之流水,保證他們眞正的得到自由,保證他們對於拿破倫軍隊的勝利不會像一八一五年那樣變成德意志人民的失敗。他們要求『不喪失法蘭西名譽的和平』與『法蘭西共和國的承認』作爲這種保證的第一點。

德國社會民主工黨中央委員會於十月五日發表了宣言，(註)其中竭力要求這種保證。它說：『我們反對吞併亞爾薩斯與勞倫。我們自己知道，我們是以德意志工人階級的名義說話的。爲了法德的共同利益，爲了和平與自由的利益，爲了西歐文明的利益，爲了向東方野蠻進行鬥爭的利益，德國的工人不能對於亞爾薩斯與勞倫的倂吞默而不言……我們爲了共同的無產階級的國際事業，將和我們的同志們，其他國家的工人們共同奮鬥到底！』

不幸，我們不能立卽預計他們的成功。如果，法國的工人們在和平的時候，不能停止進攻的一方面，那德國的工人們，在軍事狂熱之際約束勝利者的機會，不是更少了嗎？德國工

(註)這個宣言是以馬克思給德國社會民主黨委員會的指示信爲基礎的（那封指示信發表於一八七一年九月十一日的人民國家。）——編輯部註

人的宣言，要求把拿破倫第三當作普通犯人交給法蘭西共和國手內。而他們的剝削者，却用盡力量設法再把他放到居萊爾的帝座上去，把他當做最適合於使法蘭西陷於滅亡的人物。不論怎樣，歷史將證明，德意志的工人們不是像德意志的資產階級那樣是由那種惡劣的材料造成的。他們執行着自己的任務。

我們與他們一樣歡迎法蘭西共和國的建立，但是，同時我們担憂着，我們希望這種担憂能夠成爲沒有根據的。這個共和國並沒有推倒帝座，它只是佔據了後者所留下的空位。它的成立，不是被當作爲社會的獲得，而只是被當作爲國防的政策。它現在落到了那一部分爲奧利恩派及另一部分爲資產階級共和主義者所組成的臨時政府的手中；這種共和主義者的一部分，在一八四八年的六月暴動中間，是已經沾染了不能洗淨的汚點的。這一政府內人員的分工，很難做出好的事業出來。奧利恩派佔了最有力量的地位——軍隊與警察，而所謂共和主義者却得到了空談的部門。這政府的最初幾個步驟已經很明顯的表示出它從第二帝國那裏不但承襲了廢墟的坟山，而且也承襲了對於工人階級的恐怖，如果現在他們用共和國的名義很大量的允諾許多不可能的東西，那末他們這樣做不是爲得要引起有利於『可能的』政府之傾向嗎？這共和國在資產者眼中看來（這些人是很願意做它的掘墓人的）不是到奧利恩復辟的過渡階段嗎？

這樣看來，法蘭西的工人階級，現在是處在最困難的情況之下。正在敵人敲着巴黎城門的時候，一切推翻新政府的企圖，是不智的絕望的蠢舉。（註一）法蘭西的工人們應該完成他們的公民的義務，但不應該爲一七九二年的民族的回憶，（註二）所誘惑，如像法蘭西的農民爲第一帝國的民族的回憶所欺騙一樣。（註三）（他們指工人們）所需要的不是重

（註一）關於這點，列寧在他的馬克思致顧格曼書信集俄譯本序文中寫道：

『在一八七〇年九月，在巴黎公社發生六個月之前，馬克思鄭重地警告法國工人，他在著名的國際底宣言中，說推翻新政府的企圖，是絕望的蠢舉。他在事先就揭穿了要發動一個與一七九二年同一精神的運動底這種可能性，是民族主義的幻想……

『但當羣衆已經起來時，馬克思就要和他們一同前進，要和他們一同在鬥爭過程中學習，而並不是向

法蘭西內戰　48

他們作一番官僚主義的訓斥。他知道要想在事先就把機會估計得完全正確，這是吹牛或是絕望的迂腐。他以爲工人階級英勇地自我犧牲地拿起主動權製造歷史，其價值是超乎其他一切之上的。馬克思從那些製造歷史但不能在事先就把機會估計得毫厘不差的人們底立場來觀察世界歷史，而不是從一個用『這是很易預料的……他們原不應動用……』這樣的話去教訓人的知識分子的俗人底立場來觀察世界歷史。『馬克思善於珍視這樣的事實，就是在歷史中會有這樣的時機，羣衆甚至爲了一個無成功希望的目標而拚命奮鬥，但這爲了給這些羣衆更進一步的教育，爲了訓練他們準備下一次的鬥爭計，還是必要的。』

——編輯部註

（註二）馬克思是指一七九二年法國民衆在其對歐洲各國的反動聯合底進攻軍隊作戰之時的民族感情。他警告人們不要機械地把『祖國危急了』這個口號應用於普法戰爭中，『爲資產階級而對普魯士作戰，那是發狂。』（恩格斯）

——編輯部註

（註三）在選擧大總統時（一八四八年十二月十日），拿破侖第三利用了法國農民底成見；農民錯誤地把第一次法國資產階級革命底成就與拿破侖第一底名字聯繫在一起，他們爲了紀念拿破侖第一而投票選擧拿破侖第三。

——編輯部註

複過去，而且是建設將來。希望他們很鎮靜的、很堅決的利用共和國的自由所給與他們的一切方決來更切實地鞏固它本階級的組織。這將給予他們以強大的力量去為法蘭西的新生與我們無產階級解放的共同事業而鬥爭。共和國的命運，就依靠在他們的力量與智慧之上。

在這一方面，英國的工人階級已經採取了某些步驟，他們想以外部的壓力破除他們政府對於承認法蘭西共和國的不願。（註一）英國的政府現在想用遲延去抵銷一七九三年反甲可賓的戰爭（註二）以及那時承認拿破倫國家政變的匆促。此外，英國工人要求他們的政府用一切力量去反對法蘭西的分裂，——一部分英國的報紙是無恥地要求這種分裂的。正是這部分報紙在整個二十年內尊崇拿破倫第三為歐洲的救主，並且竭力贊揚美國奴隸主的暴動。（註三）現在它還是和那時一樣，盡力為奴隸主謀利益。

國際工人聯合會的支部應號召一切國家的工人階級起來採取積極的行動！如若工人們忘記了自己的責任，如若他們的態度是消極的，那末，現在的可怕的戰爭將成為新的更可怕的國際戰爭的前驅，而且會在每一國家內使刺刀、資本與地主的武士們對於工人階級取得新的勝利。

共和國萬歲！(Vive la Republique)！

一八七〇年九月九日倫敦。

(註一)馬克思是指在英國所開展的、主張承認法蘭西共和國底大的集會運動；這個運動是由馬克思與第一國際底總委員會主動的。——編輯部註

(註二)是指歐洲列強第一次聯合(奧地利、普魯士、撒丁尼亞等國)反對第一次法國資產階級革命的戰爭。在一七九三年二月英國與荷蘭加入戰爭，在三月西班牙也參加了。——編輯部註

(註三)在一八六一——六五年，美國內戰(工業的北部與擁護黑奴種植制度的南部之間的內戰)時、英國的資產階級贊助南部，即是贊助蓄奴制。這是由於這一事實，就是英國的資產階級看到工業的北部是自己的一個日益強大的競爭者，而南部則是英國市場的棉花的供給者。——編輯部註

國際工人聯合會總委員會爲法蘭西內戰告歐美各分會全體會員書

一八七〇年九月四日，當巴黎的工人宣佈成立共和國而全國各處差不多立卽齊聲致地熱烈起來歡迎時，有一羣營鑽祿位的律師的徒黨，以梯亥爾（Thiers）爲其政治家，以脫羅秀（Trochu）爲其大將軍的，出來佔據了市政廳。這些人那時是如此迷信巴黎在一切歷史的變亂時期中所負的代表全法國的使命，使得他們以爲只要一拿出早已失效的巴黎代表的名義，就完全足夠使他們所偷盜得來的法蘭西統治者的稱號有了法律的根據。這是一些什麽人，我們在他們起事以後的第五天發給你們的關於普法戰爭的第二書內，已經向你們說過了。然而當巴黎突然被刧，工人階級的眞實首領尙幽囚於拿破倫第三的監獄中，普魯士人已在向巴黎進兵之時，巴黎容忍他們的僭位行動完全是以他們利用這政權去保護祖國這一點爲條件的。但是要能保護巴黎，就只有武裝工人，把他們組成爲眞實的軍事力量，並且在本身戰爭中把軍事藝術敎導給他們。可是武裝巴黎城，就等於武裝革命。巴黎戰勝普魯士的侵略者，就等於法國的工人戰勝法國的資本家及其政府的寄生蟲。在這個民族義務與階級利益的矛盾之間，那國防政府竟一刻也不動搖地把自己變成了賣國政府。

他們的第一步驟，是派遣梯亥爾遊說全歐各國朝廷，請它們大發慈悲出來調解，並以把共和國改成君主國爲交換條件。巴黎被圍四個月後，他們覺得開始說出投降二字的機會已經到了，於是脫羅秀在約爾、法佛勒 (Jules Favre) 及其他同僚數人同時在場的時候，向巴黎市政官的會議說出以下的話：——

『當九月四日之夕，同事們向我們提出的第一個問題就是：巴黎能否勝利地抵住普魯士軍隊的圍困？那時我毫不遲疑的回答道：不能。現在到場的同事們中，總有幾個是能證實我預料的正確和我主張的堅定的。當時我向他們說的，一字不改的就是下面這句話。依照現在的形勢，巴黎要想抵抗普魯士軍隊是一件蠢事——當然這是一件英雄的蠢事；但終究是蠢事呵……。現在實際的經過（由他自己所佈置的）已經證明我的話並不曾說錯。』脫羅秀的這一篇簡短而乖巧的演詞，是由當時到場的一個叫做哥澇（Gorbon）的市政官事後發表出來的。

所以，即在共和國宣佈成立之夕，脫羅秀的同僚已經知道他的『計劃』是在於使巴黎投降敵人。如若國防二字不僅是梯亥爾、法佛勒等人的奪取統治地位的假面具，那末九月四日的興起者，就應當在九月五日放下他們的政權，將脫羅秀的『計劃』告訴巴黎的民衆，請他們趕快投降，或者讓他們自己起來掌握他們自己的運命。可是他們却不這樣做。這班無恥的騙子，決意用饑餓和死亡去治療巴黎的『英雄的蠢事』，而同時發表許多宣言去欺蒙巴黎人民。在這些宣言中有一個說道：『脫羅秀，巴黎的總督，永遠不投降敵人』；『外交總長——約爾·法佛勒是不肯割讓我們一寸的土地，也不肯犧牲我們堡塞上一塊石頭的。』但是就是這個法佛勒，在他寫給甘貝塔(Canbetta)的信中，却發誓說，他們所抗拒的並不是普魯士的軍隊，而是巴黎的工人。在整個的被圍時期內由詭黠的脫羅秀付託以指揮巴黎軍隊之責的那些拿破倫派的軍官，在其圍困期內的私人往來的信札中，却彼此競以輕薄的口氣嘲笑這雙方所共知的玩把戲似的國防。巴黎公社官報上所發表的一封信，即可作一例證。該信由巴黎國防軍砲兵總指揮兼有光榮隊大十字章的阿爾風斯·西蒙·居友(Alphonse Simon Guiod)發出寄給砲兵師長蘇珊(Suzanne)的。這種騙子的假面具，到一八七一年一月二十八日到底揭下了。國防政府在投降中，竟以極端輕蔑的那種眞正英雄氣概顯身露面，竟以俾斯麥的所俘虜組成的法國政府的資格顯身露面——這種卑賤的地位，就是拿破倫第三自己在色當時候，也是不敢承受的。三月十八日事變後，這些賣國賊倉皇的向凡爾賽奔逃，以至把那些證實他們賣國的文件都忘記帶走。事後公社在對各省的宣言中指出，爲着毀滅這些文件，『這些人是不恤將巴黎變爲一個沉沒於血海的邱墟的。』

事情之所以造成這樣一個結局，還是因爲國防政府的幾個領袖人物有他們私人的非常奇特的原因。

議和之後不久，有一個巴黎的國民會議代表彌里爱（M. Milliere）君（他現在被法佛勒特別下令槍斃了，）曾發表了許多證據確鑿的官場文件證明法佛勒曾與一個伴居阿爾吉爾（Algier）的酒徒之妻相姦通，他多年籌劃，鑄造了許多最冒險的僞證，並以姦通所生之兒女的名義取得大宗遺產，使他變成了富人，後該酒徒之嫡嗣赴法庭控訴，他靠着拿破倫朝庭下面法庭的褊袒，始得免於敗露。因爲這些鐵面無情的官場文件使他用多少巧辯都不能掩飾過去，所以約爾·法佛勒才生平第一次把他的嘴關閉起來，靜靜的等待着國內戰爭的爆發，好在那時候狂暴地跳起來宣告全巴黎的人民是一羣窮凶極惡的獄中逃犯，目無一切秩序、家庭、宗教和私有財產的暴徒。這個僞證鑄造者在九月之後，一握得政權，便以同情之心釋放了劈克（Pic）和泰雷否（Taillefer）二人。這二個人是尚在帝國時代因在愛登達（Etendard）報舞弊案中假造證書而被繫獄的，其中的一個泰雷否，曾在公社時期大胆回至巴黎，公社立即把他送回監獄；然而約爾・法佛勒却在國民會議的演講台上大喊巴黎人釋放一切獄中的囚犯！

愛倫斯・畢加德（Ernest Picard）（這是國防政府的法爾斯達夫（註）他在帝國時代夢想做內務總長沒有成功之後，就自己指派他自己做了內務總長）是一個叫做雅瑟・畢加德的人的兄弟，那個雅瑟・畢加德是因舞弊從巴黎交易所中被逐出來的（看一八六七年七月十三日警察廳報告），並據法庭審訊他自己招出當他做法蘭西通用銀行的巴勒斯特羅街五號一個分行的經理時，他偷了行中的錢三十萬法郎（看一八六八年十二月十一日的警察廳報告）。這個雅瑟・畢加德却比被他的兄弟愛倫斯・畢加德指派做他的機關報 La Eletteur Libre 的主筆。當股票交易所的經紀人們的事業因這個內務部報紙的官場謊話而陷入混亂之時，雅瑟却正在內務部與總商會之間穿梭般串來

（註）法爾斯達夫是莎士比亞戲曲中的角色之一；——他是尖頭大腹，說謊，胆小，貪食，喜酒，愛揩別人的油，作事未成卽大吹大擂的典型的人。

串去，利用法國軍隊的失敗來謀利。這一對寶貝兄弟關於生意事情的全部通信，都落入了公社的手裏。

裘爾士·弗雷（Jules Ferry）在九月四日以前，原是個一錢莫名的窮律師，被圍時，他做巴黎市長，利用城中的飢荒括了不少的錢。如有一天他不得不作他的行政報告時，那他就會在這天被定罪。

像這些人呢，當然只能夠在巴黎的毀滅中得到他們的赦書！（註一）俾斯麥所要的也正是這些人。然後經過了一番重新擺佈的手續以後，那一向躲在幕後推動政府的梯亥爾，忽然在政府的第一把交椅上現身出來了。那般得到赦書的人都做了他的總長。

「梯亥爾，這矮子怪物，使法國資產階級醉心地崇拜他差不多半個世紀，正因爲他是他們的階級腐敗的一個最完全的思想代表。在他成爲一個政治家之前，也是一個歷史家，那

（註一）在英國，囚犯在渡過大部分的刑期之後，有時得到一種證書，他們帶着這種證書又在警察監視之下在外居住，這樣的證書叫做赦書，證書所有者叫做得到赦權的人。——一八七二年德文版註

時他已經表現了他的說謊能力。他的政治生涯的記錄，就是法蘭西種種災難的歷史。一八三•○年之前，他與共和黨人混在一起，到路易斐力伯治下，他背棄了他的恩人拉斐德（L. affilte）而得到了總長的位置。為要獻媚於國王，他鼓勵徒衆起來暴動攻擊僧侶，在這暴動中搶刼了聖•日爾曼•奧克賽洛伊（Saint Germain I Auxerrois）教堂和大主教的宮庭，他並且與倍理侯爵夫人（de Berri）發生關係，為她充當內閣偵探與監獄産婆。脫南斯諾南街上之屠殺共和黨人（註二）及九月間所頒佈的壓制報紙及集會結社權利的可惡的法律，也是他幹的事。一八四○年三月，他已經是內閣總理了，那時他以他的鞏固巴黎防衛的計劃震驚了全法國的人民。當共和黨人反對這個計劃，認為它是一個反對巴黎人民自由的罪惡陰謀時，他在人民代表會議的講台上答復道：——

『什麽話！你們以為任何防衛工作都會危害自由麽！說這種話，就是毀謗政府，是假想

（註二）一八三九年巴黎發生了共和民主黨人底起義，政府加以殘酷的鎮壓，沒有武裝的人民，連婦孺在內，也被屠殺。——編輯部註

世界上有一種政府爲着保持政權於自己手中，會在某一天先來轟擊本國的京城……這種政府在戰勝之後比在戰勝之前更是一百倍的不可能了。』是的，除了那個預先將這些砲台獻給普魯士人的政府以外，確是沒有任何政府敢從那些砲台來轟炸巴黎的。

在一八四八年一月當砲彈國王（註）想要屈服巴勒摩（Palermo）時，久已不作總長的梯亥爾，在人民代表會議中起來發表這樣的話：『先生們，你們可知道在巴勒摩發生了什麽事情麽？當你們聽見說，有一個大城市竟被繼續轟擊了四十八小時，你們大家都會驚駭得戰抖（在國會的意義下）。被誰轟擊？是被那利用戰爭權利的外敵嗎？不是的，先生們，却是被它自己的政府。爲什麽？因爲那個不幸的城市敢於要求它們的權利。爲要求它的權利，却得到了四十八小時的轟擊……讓我來請求全歐洲輿論的公斷罷。我想，如果從這個全歐洲最大講台上，用憤激的話（眞的實在只是話）去斥責這種行爲，那這就是對於人

（註）拿布勒斯（Naples）王，斐特南第二其綽號是砲彈國王，因他猛烈地砲轟了麥西那（Messina）市（一八四八年九月）。五月十五日是拿布勒斯的國會被解散之日。

——編輯部註

類的供獻。……當愛斯巴脫落王子(Regent Espartero)爲着效力國家（這却是梯亥爾所從未做過的）而用大砲轟擊了巴賽隆那城以鎮壓該城的暴動時，全世界到處起來發生了共同的憤怒的喊聲』

十八個月之後，梯亥爾已是擁護法國的軍隊轟擊羅馬城的（註）最出力的一個人了。實在說來，砲彈國王的罪過，似乎僅僅在於把他的轟擊限於四十八小時之內罷了。

二月革命之前數天，梯亥爾在氛圍中感覺到了民衆大風暴的到來。因基淑(Guizot)之故而長期不得高位厚祿的情況，已使他討厭極了。於是梯亥爾裝起了假英雄態度（爲了這，他博得了『蠅子米拉波』的外號）在人民代表會議中宣言道：『我不但是法國的革命黨人，而且也是全歐洲的革命黨人。我希望革命政權常常握在一般溫和派的手裏：：但如果一旦政權落入了心腸熱烈的人或竟急進派人的手裏，那我也決不因此丟棄我

（註）一八四九年四月，法國軍隊出師擁護羅馬教皇反對意大利革命砲轟羅馬，是對於法蘭西憲法（它宣言「不用武力去破壞任何民族底自由」）之重大的違反。

——編輯部註

的目的。我總是屬於革命這一邊的。』

二月革命來到了。然而，這革命却沒有像這小人所夢想的以梯亥爾內閣去替換基淑內閣。這革命竟以共和國替換了路易斐力伯。從民衆勝利的第一天起，他就小心翼翼地自己掩藏了起來，但他却忘記了工人們對於他的賤視，使他越出了他們的痛恨之外。這位有經驗的勇士繼續的不敢出現於公共的地方，直至六月屠殺（註一）爲他那樣的人清除了道路的時候。然後，他大搖大擺的出來，變成了『秩序黨』(Party of order)及其議會制共和國的領導人物了，這個議會制的共和國，正是那時青黃不接時期的一個無名的過渡統治，在這統治時期，統治階級的一切派別互相勾結去壓倒民衆，同時又互相暗算，企圖按照自己胃口恢復皇朝。在那時候，和現在一樣，梯亥爾宣告共和黨人是鞏固共和國的唯一障礙；在那時候和現在一樣，他對共和黨人所說的話，正像劊子手對唐·卡洛斯(Don Carlos)（註二）所說的話一般：——『我要殺死你，但却是爲了你的好處。』現在呢，也像當時

（註一）這是指一八四八年巴黎無產階級底六月起義之被鎮壓。——編輯部註

（註二）唐・卡洛斯（1545—1568）西班牙的王子，參加反對他父親的陰謀，席勒在其唐・卡洛斯悲劇中將他理想化。

——編輯部註

一樣，他要在他勝利之後的第二天喊道：『L Empire est fait（帝國已告成功了）』。他忘記了他關於『必要的自由』的虛偽的話以及他個人對於拿破倫第三的怨恨了（他曾被拿破倫第三愚弄，並被他一脚踢去了國會制度——而離開了國會的人工氛圍，這小鬼自己就要成爲一錢不值，這一點，當然是他所熟知的。）忘記了所有這些的梯亥爾，參加了第二帝國時代所有的一切可恥事件，——從法國軍隊佔据羅馬一直到對普魯士開戰。他助長了普法戰爭，他破口辱罵德意志的統一，——而他的辱罵德意志統一，並不是因爲看到這是普魯士的專制主義的假面具，而是因爲這種統一要危害法國世代相傳的因德意志不統一而獲得的權利。這個矮子在全歐洲的面前揮舞拿破倫第一的寶劍（他在歷史著作上，（註一）正是替拿破倫擦靴子）。事實上他的外交政策從一八四一年的倫敦會議起到

（註一）梯亥爾底主要歷史著作是法國革命史與執政府與帝國的歷史。

——編輯部註

一八七一的巴黎獻城止，總是使法蘭西陷於極端的恥辱，而在現在的國內戰爭中他居然覥顏得到俾斯麥的恩許，把西丹和美次的俘虜放囘來屠殺巴黎了。他的才幹雖然機動，他的主張雖然易變，但他一生却是最總是懵然無知，而且是對於那已經顯露到外面來的最明顯的變動，也不能爲他的頭腦所了解，因爲他是一個把所有腦力聚到舌尖上的人。例如，他以爲任何違反法國陳舊的保護貿易制度（註二）之傾向都是瀆神犯聖。當他做路易斐力伯的閣員時，反對建築鐵路，嘲罵鐵路爲發狂的怪物齊曼拉（Chimera 獅首、羊身、龍尾之怪物，口噴毒火。——譯者。）當他在拿破倫第三之下變成在野黨時，又反對改革法國腐敗的舊軍隊制度，彷彿這是大逆不道的事。

在他一生長久的政治生涯中間，他從來沒有做過一件（那怕最小的）實際有用的

（註二）法國的保護貿易制度的特徵，是對於商品課高額進口稅（如對英國生鐵按其價值徵收百分之七十的進口稅，對於鐵則按其價值徵收百分之百零五的進口稅。）結果，有許多不能在法國製造的工具與其他商品，就從市場上完全絕跡了。——編輯部註

事。問什麼是梯亥爾一生唯一的一貫之處，那只有他的貪財及其對於財富生產者的痛恨，他第一次到路易斐力伯之下去當閣員時，窮得和『癟三』（上海俗語，意即指窮困落魄幹流氓事業以生存之人。——譯者）一樣，到他下野時，已成了百萬財翁。在這國王下做最紅一次的閣員時（一八四〇年三月一日），他在人民代表會議中，公開被人控告侵吞公款，他那時不恤用眼淚鼻涕——這是廉價的商品，他和法佛勒及其他的鱷魚們所慣於使用的——去答覆公衆的這一控告。一八七一年在卜都（Bordeaux）的時候，挽救法國財政破產的第一個必需辦法，在他看來就是規定他自己每年俸給三百萬法郎，這就是他的『經濟共和國』開篇第一個字和最後一個字，這種『共和國』的觀念，他在一八六九年給巴黎選民們的宣言中已經指點出來了。他的一個一八三〇年時人民代表會議中的同事，叫做貝列(Beslay)，的本人是一個資本家，但却是巴黎公社的一個最忠心的社員，最近發表一篇檄文，告梯亥爾道——『使勞動爲資本所奴役，一向是你的政策的基礎。從你看見勞動者的共和國在市政廳成立第一天起，你總是不斷的向法國大喊：『這些人都是罪犯呵！』他是一個在政府中耍小手段的大家，慣發僞誓、善於叛賣的名手，國會內黨派鬥爭中陰謀詭計和四出鑽營的巨匠；他失去位置的時候，總是毫不躊躇的煽起革命。在他握得了國家大權以後，總是毫不躊躇的使革命陷入血泊中；階級的偏見，代替了他的思想，虛榮代替了他的良心；他的私人生活是和他的社會生涯一樣的卑鄙齷齪——就是在現在，當他扮演着『法蘭西的修拉』(Franch Sulla)的角色時，他的滑稽的矯飾還是掩不住他的行爲的卑汚。

巴黎的投降，不單是把巴黎而且是把全法國獻給普魯士，這種投降，是九月四日的竊位者從九月四日竊取政權的時候起就開始的（像脫羅秀親口招供的那樣）一個長期通敵的賣國奸謀的總結束。在另一方面，這投降又是他們得到普魯士幫助來進攻共和國及巴黎的國內戰爭的開始。陷阱早在投降普國的條件中安放好了。那時，約有三分之一的領土是在敵人手裏，京城與各省間的往來已被割斷，一切交通都已紊亂。在這種情形之下，要選出眞正的法國的代表來，除非有很充分的預備時間，是不可能的。所以，在投降的條款中，限定一星期內選舉出一個國民會議來：這使得在法國有好多地方，關於選舉的消息只在選舉的前夜才送到。此外，投降條件上更說這個國民會議的選舉，唯一的目的是在決定和平與戰爭的問題，在必要的時候，更要用來締結議和條約。民衆當然要感覺到這種停戰的條件尙簡直使繼續戰爭成爲不可能的事，唯有最壞的人才最適宜去訂立俾斯麥所定下的和約。但是，梯亥爾却不放心於那種戒備，他在停戰的祕密傳到巴黎以前，就已出發到各省去作選舉的旅行，想把合法黨（Legitimist Party）的屍體復活起來，使它與奧利恩派（Orleanists）共同來代替那在當時爲全國所棄的拿破倫派。他不怕合法黨，因爲這些人在那時的法蘭西成立政府，是沒有希望的，所以由他們來作對敵，是並不危險的；這黨的一切行動，像梯亥爾（一八三二年一月五日在人民代表會議的演說）自己所說的，是『以外國侵入、進行內亂及擾亂秩序三者爲其行動之源』的，所以它是反革命勢力最好的工具。合法黨衷心相信，他們所久已盼望的長期統治時期已經降臨了。的確，外國侵犯者的鐵蹄，正在蹂躪法國的土地；帝國已經倒了，拿破倫已經被捕；他們正可以爲所欲爲了。顯然的，歷史的輪子已經將回去停止在一八一六年的『無雙議院』(Chamfre introuvable（註一）的時代了。在一八四八到一八五一年之間，在共和國的議會中，他們的首領是一些有教育的、對於議會鬥爭有經驗的人們；而現在湧上來的却完全是黨中的尋常人員——法國的各種混蛋。

當這個『地主會議』(Ruraux)（註二）在卜都開幕的時候，梯亥爾甚至不許他們進行國會的討論而只是簡單的向他們申明和議的先決條件必須立刻承認，就爲這是普魯士所一定要得的條件，只有在這條件上面普魯士才答應他們去向共和國及其要塞

（註一）是指法國在一八一六年的議院，其中大多數議員是極端的保皇黨貴族底代表以反動的性質著稱。 ——編輯部註

（註二）二月十三日在波爾多(Bordeaux)所召開的國民會議，大多數是公開的保皇黨（七百五十名代表中有四百五十名是保皇黨），大部分是地主底代表以及城市和農村的反動階層底代表。由此產生了『地主會議』或『農村貴族議會』之稱。 ——編輯部註

黎開戰。第二帝國已經把國債增加了兩倍，一切大城市都欠了極重的市政公債。戰爭極度地增加了負担，並且將全國的財源毫無顧惜地汲盡了。此外，還有普魯士的歇洛克（Shylock，莎士比亞劇中的客嗇的猶太商人。——譯者）拿了債票要供養他在法國領土內的五十萬兵士，他要法國付五十萬萬的賠款，未付淸的餘數，添加百分之五的利息。誰應當來付這筆賬呢？只有暴力推倒共和國之後，財富的所有者們才能夠希望把他們自己所惹出來的戰爭的費用轉嫁到財富的生產者身上去。因此，法國經濟的空前的破壞，刺激着這些土地和資本的忠心的代表者，在敵國軍隊的監視和保障之下，用國內戰爭及奴隸主的叛變去終止對外的戰爭。

在他們陰謀的前面，却站着一個極大的障礙物——巴黎。解除巴黎武裝，是成功的第一條件。於是梯亥爾就要求巴黎交出他的武裝來了，使巴黎不能再行忍耐下去的一切行動，都做出來了。『地主會議』舉行了反共和派的、狂暴的示威；梯亥爾自己也譏刺共和沒有法統的根據；廢除巴黎爲首都的話也傳出來了；奥利恩派派出了他們的大使杜福爾

(Dufaure) 頒佈了使巴黎工商業破壞的關於過期商業期票及房租的法令，因波野爾·克爾底爾 (Pouyer Quertier) 的堅持每種出版品每一本課以二生的稅金，勃朗基和弗羅倫斯 (Flourens) 被判決死刑；共和黨報紙被封閉；國民會議移到了凡爾賽；爲柏烈高 (Palikao) 所宣佈而在九月四日取消的戒嚴又復恢復了；十二月二日的英雄維諾衣 (Vinoy) 被派來做巴黎的總督了；帝國的憲兵瓦倫頓 (Valentin) 被任爲警察總監；耶蘇將軍奧雷爾·特·巴拉丁 (d Aurelles de Paladine) 被任爲巴黎國民軍總司令。

現在我們還要向梯亥爾先生及國防政府中其他的人們，即梯亥爾的僕人們提出下面的問題：大家知道，梯亥爾經過他的財政總長波野爾·克爾底爾的手借了一筆二十萬萬的債款，這債款，是要立卽交付的。現在問：

一，據說按此中的勾當，該借款中有數千萬的數目是專爲梯亥爾、法佛勃舉加德、德以爾和西蒙等私人利益而彼此分潤了的，此事是眞是假？

二，據說該項借款，不到巴黎『平定』之後是不償付的，這話是實是虛？

無論如何，錢是非常需要的，因為梯亥爾和法佛勃曾用卜都會議大多數的名義最無恥地請求普魯士軍隊立即佔據巴黎。但是這種把戲不在俾斯麥的政策之內，所以當他回到德國去的時候，公開的用譏嘲的口吻把這些事告訴那些洗耳而聽的法蘭克府的俗漢們。

二

武裝的巴黎，是對於反革命陰謀的唯一嚴重的障礙，所以巴黎非被要求解除武裝不可。對於這一點，卜都會議是十分公開地主張的。即使地主議會中代表們底憤怒的鼓噪還不夠清楚的話，那末梯亥爾底讓出巴黎而把它拿來獻給十二月殺人犯維諾衣、拿破倫第三時代憲兵瓦命頓和耶蘇將軍奧雷爾·特·巴拉丁三人所組織的三人執政政府來支配，這事是絲毫沒有可以懷疑的餘地了。這些陰謀者，並不掩蓋他們解除巴黎武裝的眞意，可是同時又以最顯然最無恥的謠言為藉口，直接要求巴黎卸下自己的武器。梯亥爾聲明說，『巴黎國民軍的大砲是屬於國家的，所以應當歸還國家。』其實，事情是如此的：自從獻城的那天當俾斯麥的俘虜們把法蘭西出賣給他，並懇求了將一大部分軍力留給自己以爲壓迫巴黎之用的時候起，巴黎已經武裝起來了。國民軍自己已經改組過了，已把最高的指揮權完全付託給一個由全體國民軍兵士（除了拿破倫派的幾個部隊）所選舉出來的中央執行委員會。在普魯士軍隊進入巴黎的前夜，中央委員會設法把投降的叛徒們奸惡地丟棄於將爲普魯士軍所進據的一帶地方之一些大砲和機關槍搬運到蒙馬德爾（Montmartre）、拉·維勒脫（la villette）和祕爾維爾（Belleville）等市區去。這些大砲本是國民軍自己集款置備的。在正月二十八日的投降書中，大砲曾被正式承認是國民軍的私有財產，因此當時未曾被列入政府繳給敵人的一般軍械中去。但是梯亥爾却因實在沒有理由來向巴黎民衆宣戰，所以乃不得不揑造無恥的謠言說國民自衛軍的大砲是國家的財產！

謀奪此項軍械，很明顯的，自然不過是普遍的解除巴黎武裝的第一步，也就是要把九月四日的革命解除武裝的第一步。可是這個革命已經是法蘭西合法的國家的形式。這次革命的果實——共和國，已經在投降書上爲勝利者所正式承認了。在那次投降之後，它已爲一切外國列强所承認，並且曾經以它（共和國）的名義召集了國民會議。九月四日，巴黎工人的革命，是卜都國民會議及其行政部之唯一合法的基礎。假使沒有九月四日的那次革命，那末這個國民會議就應當把自己的權位讓給一八六九年在法蘭西統治之下而不在普魯士統治之下用普選法所選舉出來，以後又被革命所武力解散的立法院了。梯亥爾和他的『得到赦書的人們』也一定會向拿破倫第三投降，請求他簽字保護免得充軍到開茵（Cayenne）（註）去。能夠運用全權來與普魯士媾和的國民會議，僅僅是這次革命中的一個插話而已，至於革命的眞正的體現者却還是武裝的巴黎，發動革命的巴黎，爲革命而忍受了五個月的圍困備嘗了驚恐與飢饉的巴黎，並且不爲脫羅秀詭計所動以持久的抵抗而使各省有可能進行堅決防禦戰爭的巴黎。可是現在，這個巴黎在卜都叛亂的奴隸主的侮辱命令之下或者不得不實行解除武裝並且承認九月四日的革命沒有別的意

（註）開茵（Cayenne）南美洲的法屬基阿那（Guiana）之首都，犯人放逐地。——編輯部註

而只是把政權從拿破倫第三手裏轉給他的競爭者保皇黨人的手裏或者，巴黎不得不用犧牲的精神挺身出來爲法蘭西事業而鬥爭，用革命的手段去推翻當時的政治和社會制度，推翻造成第二帝國並且在帝國庇護之下使法國達到完全腐敗地步的那種政治和社會制度，只有這樣，才能把法蘭西從完全覆滅的災禍中挽救出來使它重新走上新生命的道路。忍受了五個月饑饉痛苦的巴黎，對於這種選擇是沒有片刻猶豫的。它充滿着英氣勃勃的勇敢，它決定担受向法蘭西反革命陰謀家進行鬥爭的重負。雖然那時從堡塞上有普魯士的大砲向它威嚇亦所不顧。但是當時的中央委員會因爲對於威脅着巴黎的內戰，抱着一種厭恨，所以，縱有卜都議會之挑釁、行政部之橫加干涉以及大批軍隊之囘集巴黎及其四周，它始終還是保持一種自衞的態度。

而當這個時候，梯亥爾自己先開始內戰了。他派遣維諾衣率領了好多警察和一些軍隊，在夜間作偷盜式的出征，以襲擊蒙馬德爾，意圖在彼處用迅雷不及掩耳的方法奪取國民軍的大砲。這一企圖後來因爲國民軍的堅强抵抗以及軍隊和民衆的友愛聯歡而遭受了失敗，這事是大家所知道的。可是在事前，奧雷爾・特・巴拉丁已經印好了勝利的公報，梯亥爾也早已預備好了告示來宣佈他完成政變所採取的辦法。現在梯亥爾不得不把這種公報和告示改為另一宣言，在這宣言中他宣佈他自己的『大量』，決意將武器賞給國民軍，並希望使用這些武器來保護政府以與叛徒鬥爭。可是在三十萬國民軍當中只有三百人響應這個宣言，願意集合到小人梯亥爾那邊去擁護他來打他們自己的弟兄。三月十八日，光榮的工人革命完全統治了巴黎。中央委員會就成為當時的臨時政府。歐洲各國一時還懷疑了這種眩人眼目的國家激變和軍事激變之眞實性。難道這不是從久已過去的事件中所發生出來的大夢嗎?

從三月十八日到凡爾賽軍隊衝入巴黎的時間，無產階級革命完全沒有被『上等階級』的革命中尤其是他們的反革命中所固有的橫暴行為所沾污。它（指巴黎無產階級革命）的敵人們，除了說它殺戮萊康德(Lecomte)和克萊孟湯姆（Clement Thomas)兩個將軍以及凡登(Place [illegible])廣場上的衝突以外，是沒有其他藉口可以來非難它的。

萊康德將軍是拿破崙的軍官，他是參加夜襲蒙馬德爾的一人，他曾經四次發令，命其部下第八十一團兵士射擊比加爾（Place Pigale）廣場上赤手空拳的羣衆；當兵士拒絕執行他的命令時，他就備極卑劣地侮辱他們。當時他的部下，沒有去射擊赤手空拳的婦女和小孩，而却把他槍決了。受工人階級敵人長久薰陶的士兵，習慣在他們初初轉到工人方面來的時候，自然一下子是不容易改變的。他們也殺死了克萊孟湯姆將軍。

克萊孟湯姆『將軍』從前是一個不得志的小軍需官，在魯易斐立伯在位時的末年，他加入共和派所辦的『國民報』的編輯部，在這些慓急的報紙上，他一面是負責的傀儡，（註一），同時又是作戰的鬥士。二月革命之後，國民報一派人把政權握到了自己手中，他們就把這位老的軍需官升任將軍，這還是六月屠殺的前夜的事。他在那次屠殺當中，與約爾法佛勒同爲兇惡的準備者；並且還在屠殺中起了最卑鄙的劊子手的作用。在那次事件

（註一）其職務是遇報紙被控告判罪時就由他受禁閉。——編輯部註

以後，他帶着他的將軍職位隱歿了好久，直到一八七〇年十一月一日，才又見他出現了。在那一天的前夜，（註二）被執於市政廳中的『國防政府』，十二分莊嚴地允諾了勃朗基、弗羅倫以及其他的工人代表們說，願意把他們所已奪到的政權轉交給巴黎民衆所自由選舉出來的巴黎公社之手。可是國防政府後來却食了約言，並且慫恿脫羅秀將軍的布里頓人 Bretons（這些布里頓人現在代替了拿破侖的高爾西根人 Corsicons 的地位）來

（註二）一八七〇年十月三十一日，曾企圖了推翻國防政府而奪取政權。引起這個運動之動機，是下面這些風傳說：法國方面行將與普魯士軍成立休戰，國民軍在蒲爾熱敗北，麥次出降。國民軍有一隊（大部分是由工人所組成的）在勃朗基主義者領導之下佔領市政廳，宣佈推翻舊政府，成立新政府，由新政府組織公社的選舉、但新政府並沒有以廣泛的羣衆爲基礎，而表現不堅決與動搖。它與被扣的國防政府的官員開談判，得到了他們的口頭上的允許，說在十一月一號舉行公社選舉，並宣佈大赦。在這個時候，資產階級的警備軍有幾隊被調到市政廳來，在十一月一號早晨，他們佔領了市政廳，恢復了國防政府的權力。

——編輯部註

反攻巴黎。當時唯有泰米西（Tamisier）將軍一人不願意幹這種不守信義的勾當，辭去了國民軍總司令之職。代替他職位的克萊孟湯姆因此又做了將軍了。在克萊孟湯姆做總司令的服務期間，他不是與普魯士人作戰，而是與巴黎國民軍作戰。他竭其全力阻止他們的全體武裝，他嗾使資產階級的幾營部隊來攻打工人的隊伍；他排斥了許多不同意於脫羅秀『計劃』的軍官；並且誣蔑無產者幾營兵儒怯而加以解散；可是這幾營部隊的英勇果敢，現在就是最狂暴的敵人們也對之驚奇不置的。克萊孟湯姆現在覺得十二分的驕傲，因爲在他又能在實際上表示出他個人對於巴黎無產階級的仇視，這種仇視在一八四八年六月的屠殺中，是已很顯赫地表現過了的。在三月十八日以前的幾天，他把自己『根本結束巴黎惡徒之花』的計劃，呈到軍事總長李福洛（Leflô）面前去。到了維諾衣失敗以後，他又不得不裝着愛好藝術的假相，充當間諜來現身於舞台之上。中央委員會和巴黎工人對於克萊孟湯姆和萊康德兩人之被殺所負的責任，正像威爾士（Wales）公主對於當她進倫敦那一天因擁擠過甚以致有些人被踏死的那事所負的責任一樣。

所謂凡登廣場上屠殺赤手空拳的民衆，這簡直是一個子虛烏有的神話。梯亥爾和地主議會中的代表們永遠對於那件事一字不提，實不是無因的。散佈這點的任務，他們委託給歐洲新聞界的奴僕們去幹了。

『保守秩序的人們，』──巴黎的反動分子們，一聽到三月十八日革命勝利的消息，大家都戰慄起來了。在他們看來，這革命的勝利就是民衆壓迫的接近。從一八四八年六月事件那幾天直到一八七一年一月二十二日（註）遭他們毒手殺害的那些犧牲者底寃鬼們，都在他們面前站起來了。但是他們所受的唯一處罰，只是這種驚惶罷了。警察們不但沒有被解除武裝或被幽禁起來，如所應做的那樣，而且大開巴黎之門讓他們自由的逃往凡

（註）在一八七一年一月二十二日又發生一個新的推翻國防政府的企圖。暴動底直接原因是國民軍在波遂維爾（Bucenval）之敗北（一八七一年一月十九日），行將休戰與任命維諾衣將軍爲巴黎軍事司令官之謠傳。一月二十二日的暴動，正與十月三十一日的暴動一樣，其特徵就是決斷不足，團結不夠，並且對羣衆的組織聯絡也不夠，在鎭壓這次暴動時死傷三十人，其中有婦女與小孩。──編輯部註

爾賽去。那般『保守秩序的人們』不但沒有遭受任何傷害，而且還給與他們在巴黎中心集合力量、鞏固他們許多地位的可能。中央委員會的這種謙讓，武裝了的巴黎工人的這種寬宏大量，按照那般『秩序黨』的習慣來看，是如此的奇異，使得這些秩序黨人竟加以誤解，以爲這是工人們自覺能力薄弱的表現。這就是爲什麼『秩序黨』人想到了那樣無意義的計劃，要用和平的示威遊行的方法來獲得維諾衣曾用他的大砲所沒有得到的東西。三月二十二日，從最華富的市區出現了叫囂不堪的一夥『時髦的人士』，所有巴黎城中的『闊人少爺』，都參加，爲他們首領的，都是些最昭著的皇親國戚——如海開倫（Heeckeren）可哀脫羅恭（Coëtlogon）、安黎本（Henri de Pene）之類的東西。這一羣懦怯地以和平遊行爲名的暴徒們，祕密地用殺人犯的武器武裝起來，把他們於遊行中在街上所遇到的許多國民軍巡查員與哨兵加以侮辱並解除武裝。當他們從和平街出來到凡登廣場的時候，他們便高聲狂喊：『打倒中央委員會！』『打倒儈子手！』『國民會議萬歲！』同時企圖衝破自衞軍哨兵的警戒，猝不及防地襲取在該警戒線之後的國民軍的總司令部。

對於這般暴徒們的手槍射擊的回答，起初僅僅是採取普通的驅散行動。可是，當後來一見這個方法不發生效力的時候，國民軍指揮官就下令發槍還擊。一次射擊就把那些『空頭』的烏合之衆打得四散奔逃，這些人夢想着以爲只要『體面社會』一出現，對於巴黎革命就會發生像依蘇那維納的喇叭聲對於葉利巷城壁所發生的那樣的影響。被這些逃奔的『遊行者』殺死的有國民軍二人，重傷者九人（在這九人當中，一個是中央委員會的委員。』而在這次『秩序黨』人的偉業所發生的地方，到處都散棄着他們的手槍、刺刀、寶劍等一類的武器，這正是他們的『徒手』的『和平示威』的證物！可是在一八四九年六月十三日那一天，當國民軍爲了抗議法蘭西軍隊之窮兇極惡地攻佔羅馬而舉行眞正和平的示威之時，當時『秩序黨』的將軍向加爾尼（Changarnier）就令其軍隊四方面向這般徒手的遊行民衆衝來，把他們槍斃的槍斃，刀斬的刀斬，用馬蹄踐踏的用馬蹄踐踏而這樣的向加爾尼，却因這次的屠殺而被國民會議——特別是梯亥爾——推崇爲『祖國的救主。』巴黎當時宣佈了戒嚴，杜福爾就急在國民會議中通過了許多壓迫民衆的法令，實行許多新的拘捕與充軍形成了新的恐佈的統治。但是那時『下等階級』的行動却同他們相反。一八七一年的中央委員會簡直沒有注意到那些四散奔逃的『和平示威』的英雄們，所以在二天以後，他們就能夠在海軍大將賽士（Saisset）的統率之下舉行他們的『武裝』示威遊行，而其結果，則是羣向凡爾賽逃奔，這是他們預先打算好了的中央委員會對於由梯亥爾夜襲蒙馬德爾所引起的國內戰爭還是堅持拒絕這簡直是重大的錯誤當時它應該立即令軍隊追到當時沒有充分防禦的凡爾賽去，把梯亥爾及其『地主會議』的陰謀一次的斬草除根。中央委員會不但沒有做到這一點，反而容許『秩序黨』重新能夠在三月二十六那一天的巴黎公社選舉中試用它底力量。（註）在那天，『保守秩序的人們』在巴黎的各市區大作其調和的演詞，表示願意同他們的過於大度的勝利者言歸於好，可是在他們心中當然是在莊嚴地立誓要在相當時候將他們屠殺消滅。

（註）馬克思在寫給顧格曼的信（一八七一年四月十二日）中已說到了中央委員會底這些致命的錯誤。

——編輯部註

現在來看一看另一方面吧。梯亥爾在四月初向巴黎作第二次的進攻了。對於被俘到凡爾賽的第一批巴黎人，採取了最殘酷的手段。歐納斯特畢加爾把兩手插在袴袋中，在他周圍走來走去，並且譏笑着他們，而在尊貴（？）太太們圍繞中的梯亥爾夫人和法佛勒夫們人等，則從樓台上對凡爾賽暴徒的罪行拍手喝彩。被捕的戰鬥部隊的兵士們，就被當場槍斃。我們勇敢的朋友杜佛爾（Duval）將軍——他是一個鑄匠——不經過任何的審訊手續即被槍決了。嘉里弗（Gllifet）他的妻子在第二皇朝的御宴席上曾何等不要臉的脫光她的身體給大家看的，在宣言中自已誇耀說，正是他把當時被他衛隊所突然包圍與解除武裝的一小隊國民軍及其隊長與副官加以屠殺。從巴黎逃出的維諾衣，因爲他發佈了命令要槍殺從公社方面捕來的任何作戰的兵士，就從梯亥爾那裏得到了大勳章。憲兵台思馬朗，因爲他像屠夫一樣，將勇敢的與寬大的佛羅倫——就是那個於一八七〇年十月十一日救了國防政府官吏的頭的佛羅倫——切成細片，也得到了獎章。關於殺他的『動人的詳細情形』，梯亥爾很滿意的在國民議會的一次會議上作了敍述。他如像那種得人家批准而扮演太美朗（Tamerlan）的國會小子一樣，帶着自大的虛榮，拒絕給與那些起來反對他這卑賤小人的起義者以交戰的對方的權利，他甚至不承認他們的救護站有中立的權利。猴子如一旦得到滿足其老虎本能的權力，就比什麼東西都壞（關於這種猴子，伏爾泰 Voltaire 曾經給我們描寫過。）

巴黎公社在四月七日，發佈了以報復相威嚇的訓令，並認爲自己的責任，是在於『保護巴黎不再受凡爾賽強盜的虐殺，並要求以眼還眼，以齒還齒。』但在這以後，梯亥爾對於被捕者的野蠻行動，還是依然如故；他還是那樣的侮辱他們，在他的日刊上說『忠實人可憐的日光從沒有見過再要墜落些的面孔，再要墜落些的民主派。』這所謂忠實人，正是像梯亥爾及其領着赦書的黨徒之類的人！可是槍殺被捕者的行動暫時是停止了。但當梯亥爾同他的將軍們——一八五一年十二月政變的英雄——知道了巴黎公社的報復的佈告不過是一種恐嚇，沒有發生實際結果，知道了就是混進國民軍中以後被捕的偵探以及帶着放火的彈藥因而被捉的警察也遭到赦免；於是，他們又開始大批槍殺被捕者，一直繼續到最後。國民軍躲藏的房子，被衛兵所包圍，四周灌以洋油（在這次戰爭中，第一次用到了它）加以焚燒；燒焦的尸身，後來爲台衞恆街印刷所的救護站所運出。四月二十五日在貝爾愛彬被馬隊繳械的四個國民軍兵士，被這馬隊的隊長（值得加里弗的讚揚的）一個個槍斃了。其中有一個兵士叫希勿爾（Scheffer）的，雖中槍而實未死，他拚命地蛇行至巴黎砲台，將這件事實告訴了公社的一個委員會。當託蘭（Tolan）對於這一委員會的報告向軍事總長李弗洛提出質問時，『地主議會』的代表們，竟用狂喊的聲音蓋住他的發言。並且，不准李弗洛去作答覆：竟敢說起他們『光榮的』軍隊的行動來，這簡直是侮辱！當梯亥爾的刊物以肆無忌憚的口氣登載出在母林沙蓋（Moulin Saquet）打死睡着的公社社員，在克拉馬爾（Clamart）實行大批屠殺的消息時，就是向來不大有感覺的倫敦泰晤士報也覺得有些刺眼。但是要一一數出砲擊巴黎，在外國侵略者保護之下發起奴主暴動的那種人底暴行，那簡直是無效的嘗試。在所有這些暴行中間，梯亥爾把他關於自己的那矮子肩膀所負担的可怕責任之國會辯令忘記了。他在他的刊物上驕傲地說道，會議很和好的召開着(I Assemblte siege Paisiblement)並且以他同自己將軍們(十二月政變的英雄們)以及同德國學者們的歡宴，來證明他的胃口非常好，就是萊康德與克萊孟湯姆的鬼影也不能使它受到絲毫的損失。

三

一八七一年三月十八日早晨，巴黎爲『公社萬歲！』的如雷的喊聲所驚醒了。但公社，這給予資產階級的腦筋以如此難題的士芬克斯(Sphinx希臘神話中人頭獸身的怪物。——譯者)究竟是什麼東西呢？

在中央委員會三月十八日宣言上面說道：『巴黎無產階級，看到統治階級的失敗與叛變，知道他們應該起來將社會事務的管理權拿到自己的手裏以拯救國家的時間，已經到來了。……他們懂得他們有至高的責任與絕對的權利來做他們自己命運的主人翁，並把政權拿到自己的手裏。』

但是工人階級不能簡單地奪取現成的國家機關而運用它來達到自己的目的。(註)

（註）馬克思在這裏明白陳述巴黎公社底根本教訓之一。馬克思與恩格斯以爲這個教訓是有偉大的意義的，這從他們在一八七二年六月二十四日寫的共產黨宣言序文中所說的話就可很明顯地看出來。在序文中說，共產黨宣言底綱領「在某些地方是過時了的，特別是巴黎公社證明了工人階級不能簡單地奪取現成的國家機關，而運用來達到自己的目的。……」

對於這一點，列寧寫道：

「非常令人注意的一件事，就是恰恰這個重要的修改被機會主義者曲解了，而共產黨宣言底讀者卽使沒有百分之九十九大概也有十分之九不明瞭這個修改的意思。對於我們上面所摘引的馬克思底名言之流行的庸俗的「了解」，在於認爲似乎馬克思在這裏着重遲緩發展底觀念而與奪取政權對立起來，諸如此類等等。

「實際上正是相反。馬克思底意思就在於：工人階級應當破壞並打碎「現成的國家機器」，而不僅限於簡單地奪取這個機器。

「一八七一年四月十二日，就是說，正在巴黎公社的時候，馬克思寫給顧格曼的一封信裏說：

「……如果你讀到我的拿破侖第三政變記一書最後一章，你就可以看見我認爲法國革命以後的企圖，是在於並不是把官僚和軍事的機器從一手轉交他手，如今日以前一樣，而是要破毀它；而歐洲大陸上任何一個眞正的民衆革命之先決條件，正是如此。我們英勇的巴黎同志們底企圖，也恰恰就在這裏。」）馬克思致顧格曼書信集，俄文至少有兩種版本，其中有一種版本是由我校訂並由我作序的。）

「破毀」（官僚和軍事的國家機器）這幾個字，已經把馬克思主義關於無產階級在革命中對國家的任務問題之主要的教訓簡明地表白出來了。現在盛行一時的考茨基主義在對於馬克思主義的「解釋」中所完全忘却了的，並且公開曲解了的，也正是這個教訓！（列甯：國家與革命中譯本「解放社」版列甯選集，第十二卷五二頁）

——編輯部註

集中的國家政權及其到處存在的、基於系統的與階層的分工原則而建立起來的機關（常備軍、警察、官僚、僧侶與法官），自絕對君主時代起卽形存在，那時它是充當新興資產階級社會向封建制度作鬥爭的有力的武器。但貴族的與地方的特權、城市的與行會的壟斷以及各省的法規，——一切這些中世紀的廢物阻止了它的發展。十八世紀法蘭西革命的大掃帚，把所有這些陳舊的骯髒的東西一掃而盡，並爲現代的國家建築廓清了社會的基礎。這座建築，在第一帝國時代（這帝國本身是在舊的半封建歐洲聯合反對法蘭西的戰爭（註一）中造成的）已經成立起來了。在統治形式往後的發展中，政府服從了國會的統制，即服從了資產階級的直接的統制。它一方面變成了廣大的國債與重稅的出產所，它所擅有的行政力量，收入與位置，吸引了統治階級中的競爭的黨派與冒險家，使他們把它變成了爭奪名利之場；他方面，在社會經濟變動的影響之下，它的政治性質也變動了。隨着現代工業的進步，使資本與勞動的對立往前發展與深入，同樣的國家的政權也愈是獲得了奴役工人階級的社會權力的性質，即階級統治的機器的性質。每一次革命表示出階級鬥爭已經進了一步，在每一革命之後，國家政權的純粹壓迫性質也愈是表顯得明白了。一八三〇年的革命，把政權從土地所有者的手裏奪下來交給了資本家，就是說從工人階級較遠的敵人手裏奪下來交給了它的較近的敵人。資產階級的共和黨人，以二月革命的名

（註一）這是英俄普奧及西班牙等國聯合起來反對革命的法國之戰爭，後來是反對拿破崙第一底帝國的戰爭。——編輯部註

義奪取了國家的政權，並且利用了這政權舉行了六月的屠殺，這種屠殺告訴了工人階級，所謂『社會的』共和國，不過是共和國對於他們的社會的奴役，同時又告訴了保皇派的有產者與土地所有者階級，他們可以安心的把管理的麻煩與其全身的利益交給有產者的共和黨人。但是，在這一次六月的大事業之後，有產的共和黨人不能不從『秩序黨』的首列退到最後一列，——一種由有產階級所有各個敵對的黨派組織起來的聯合，他們現在同生產階級公開對抗；他們共同管理的最適宜的形式，是那以拿破倫為總統的國會主義共和國。這是一個狂暴的階級恐佈的政府以及有意侮辱『下流羣衆』的政府。照梯亥爾講，國會主義共和國，是使統治階級的各派別最少分裂的一種統治形式，可是它在人數很少的階級與生活於這階級之外的全部社會機構二者之間，却挖了一條鴻溝。如果在從前的時候，統治階級內部的爭執使國家的政權受相當的限制，那末現在因為有產階級的聯合，這種限制已經沒有了。由於無產階級的起義的威脅，聯合起來的有產階級便狂暴地、無情地利用國家的政權，作為全國國內資本壓迫勞動的武器。但是，反對生產者羣衆的十字軍的征伐，一方面不能不以更大鎮壓抵抗的權力給與行政當局，在另一方面，又從國會的堡壘（『國民會議』）逐漸剝奪它反對行政當局的一切工具，結果代表這行政當局的拿破倫第三驅散了這些有產階級的代表。所以，第二帝國實是『秩序黨』的共和國的自然結果。

這一以國家政權爲誕生證書、以普選爲批准、以寶劍爲王笏的第二帝國，聲稱要依靠於農民，即依靠於那沒有直接參加資本與勞動間的鬥爭之廣大生產羣衆之上。帝國自稱是工人階級的救主，其根據是說它破壞了國會主義以及與之一起的政府對於有產階級的公開的服從，同時它又自稱爲有產階級的救主，其根據是說它擁護有產階級對於無產階級的經濟的統治。最後，它聲稱要聯合一切階級於國家光榮的、重新復活的怪物的周圍。事實上，在資產階級已經失去了統治能力，而無產階級尚未得到這種能力的時候，帝國是唯一可能的統治的形式。全世界歡迎這帝國，把它看作是社會的救主，在它的統治之下，資產階級社會解除了政治的顧慮，達到了他所夢想不到的這樣高度的發展，工商業大大的擴張起來，交易所的投機，慶祝着自己縱橫世界的歡樂；民衆的貧困，同無比的奢侈（用欺騙與犯罪得來的）尖刻的互相對照着。表面上高高立在社會之上的國家政權，實際上正是這一社會的最大的恥辱與一切可鄙東西的養成所。渴望把這一統治制度的重心從巴黎移到柏林去的普魯士刺刀，將這國家政權及其所拯救的社會之一切腐敗都揭露出來了。帝國主義（是指法國帝國的統治形式，即拿破倫主義——譯者）是新興資產階級社會所建立的國家政權（這政權曾爲它用來作爲從封建社會解放出來的工具，並且在它完全發展時轉成替資本奴役勞動的工具）之最娼妓化的最後的形式。

公社是同帝國直接相反的。巴黎無產階級用了歡迎二月革命的『社會共和國萬歲』的呼聲，不過是表現出他們要想建立這種共和國（這共和國不但要消滅階級統治的專制公式而且要根本消滅階級的統治）的模糊的傾向。公社就是這種共和國的確定的形式。

巴黎曾是舊政權的駐在地與中心，同時也是法蘭西工人階級的社會中心。這個巴黎，拿着武器實行起義，反抗梯亥爾及其地主議會要將帝國所遺傳下來的舊政權恢復起來並傳之百世的那種企圖。巴黎之所以能夠抵抗者，只是因爲在普軍的圍困之下，它沒有了軍隊而有國民軍來代替，這種國民軍，大部份是由工人組成的。這事實必須成爲堅固的制度。所以公社的第一條命令就是關於廢除常備軍代之以武裝民衆的命令。

公社是按照普選制，由巴黎各區域選舉出城市代表來組成的。他們是完全負責的並且隨時可以更換的。他們的大多數自然都是工人或被認爲是工人階級的代表，公社應當不是國會的機關，而是工作的集體，聯合立法權與行政權於一身的。(註)向來爲國家政府

(註)公社是一個新形式的國家，關於這種特徵，列寧寫道：

「『不是議會的而是工作的』機關——這是直接對準着現代社會民主黨議員們和國會「守房門的小狗們」說的！請看任何一個議會的國家，由美國至瑞士，由法國至英國，挪威等等，眞正的國家大事是在後台辦理，而且由各行政部、事務處、參謀部執行的。而在國會裏僅僅藉空談來達到愚弄「平民」的特殊目的而已。」

『「巴黎公社」採用了新的制度來代替資本主義社會底賣身的腐敗的代議制，在這種新的制度之下，判斷和討論的自由就不是一種騙人的勾當；因爲代表們必須自己工作，必須自己執行他們自己的法律，必須自己來檢察實際生活所得的結果，而且還必須自己直接來對選舉者負責。代表機關此地還存在着，可是作爲一種特殊系統，作爲立法和行政底分工以及作爲議員們之特權位置的這種代議制已經沒有了……』

『要把官吏制度到處立刻澈底消滅，這是談不到的。這是一種烏託邦。但是一舉而把舊的官吏機關打破，而立刻開始建設一個新的組織，使漸次能夠消滅一切官吏制度——這並不是一個烏託邦，這是「巴黎公社」底經驗，這是革命的無產階級之直接的當前的任務。』（列寧：國家與革命，中譯本，「解放社」版列寧選集第十二卷四五四、七四八頁）

編輯部註

的工具之警察立刻被革除了它的一切政治機能而變爲公社的負責機關，隨時可以調換。其他一切行政機關的官吏也是一樣。從公社委員起，自上而下一切爲社會服務的人員，都只給以工人的工資。一切國家最高官吏的特權與辦公費現在都隨着這些官吏本身的消滅而同歸消滅了，社會的任務，不再是中央政府寵兒的私產了。不僅是城市的管理，而且一切向來屬於國家的主動權，都歸於公社了。

在消滅常備軍與警察（舊政府的物質權力的武器）之後公社立刻開始摧毀精神壓迫的工具即教會的力量。它下令解散並沒收一切擁有財產的教會教士們應當回復到他們前輩（使徒們）所過的刻苦的生活中去，依賴信男信女的慈悲來生活。一切學校脫離國家與教會影響，大家可以免費進去。這樣，學校教育變成了大家可以享受的東西科學上被階級成見與政權所加上的桎梏，也被揭去了。法官的表面上的獨立（實際上不過遮蓋他們對於交替着的政府的服從）也被取消了。他們對於每一政府，曾經宣誓盡忠到底，可是對於每一政府，也曾經叛變不顧，他們如像社會的其他公僕一樣，現在也變成公開選舉的、負責的與可以調換的了。

巴黎公社，自然應當是法國一切大工業中心的榜樣，公社一建立於巴黎與其他次要的中心，那集中的政府，在各省也要讓位給生產者的自治機關。在公社尙未能詳細規劃定當的全國公社組織大綱中，明顯的說明公社甚至應該成爲最小鄉村的政治形式，而全國常備軍，應由短期供職的民兵來代替。在一區(distric)的主要城市召集的全權代表會議，應當管理這一區內一切鄉村會社的公共事務。而這些區的會議，應當派全權代表到召集於巴黎的全國代表會議上去；全權代表嚴格遵守選民的指令並且任何時候可被更調。其餘尙被留給中央政府的不多可是重要的那些職能是不應當被廢除（說廢除是故意胡說）的，而是應該轉交給公社的即完全負責的官吏。國民的統一不但不因公社的建設而破壞，反因這建設而組織起來。由於國家政權的消滅，這種統一變成了眞正的統一，這種國家政權，雖自以爲是這統一的具體的表現，自以爲是超於國民之上，離國民而獨立，可是實際上却不過是國民身上的寄生蟲而已。在破壞了只爲壓迫之用的舊政權機關之後，公社便從這個自以爲是超越社會之上的政權手裏奪下它的合法的職能，而把它們交給負責的社會公僕。現在不是像以前那樣，人民三年一次或六年一次選舉某一個統治階級分子，到國會(註)中去代表人民與壓迫人民，現在普選權應當爲那些組織於公社中的人民服

(註)關於議會制度的這一個特徵，列甯寫道：

「馬克思對於代議制這一種特出的批評，由於現在社會國家主義和機會主義的統治，也被人「忘卻」了。……」

每數年一次去解決統治階級中何人應當在國會中來摧殘和壓迫民衆！這便是資產階級的代議制的本質，不僅在國會制的立憲的君主國裏是這樣，卽在最民主的共和國中也是這樣。」（列寧國家與革命，中評本「解放社」版列寧選集第十二卷四四四五頁。）——編輯部註

務，正像個人的選舉權爲僱主服務，替他的企業挑選工人，管理員與管賬員一樣。大家知道，社會正像個人一樣，常常能夠爲其自己的實用事業找到適當的人選，就是有時犯了錯誤，也能夠很快地把錯誤改正。另一方面，公社依照它的本質，自然反對把等級的官職授任去替代選舉制。

新的歷史創造的通常命運，是在於它們（指新的創造。——譯者）往往被人家看做是舊的、已經過去的、同它們有些相像的社會生活形式之照像。新的公社也是如此。破壞了現代國家政權的巴黎公社，也被人家看做是在這國家政權發生以前存在的並且以後爲

這國家政權基礎的中世紀公社之復活。人們很錯誤的以為公社的建設，是企圖以小國家的聯合（孟德斯鳩與基龍特派（註）曾夢想了這點）去代替大的民族的統一，這種統一雖是用暴力造成，但現在却已成為社會生產的有力的因素了。人們也錯誤的以為公社與國家政權的對立，是反對過渡集中的舊鬥爭的擴大形式。在某幾個國家內資產階級政府形式的充分發達（法國是其標本），曾為某些特殊歷史條件所阻礙，這些條件如在英國就造成這種情形，就是主要的中央之國家機關，還有納賄藏垢的教育委員會（Yestries），自私自利的市政委員，城市內貧窮法的狠心的督察者與鄉村中實際上世襲的法官來加以補充。公社的建設將能把那些直到現在為這『國家』寄生蟲所吮取的力量（這寄生蟲

（註）基龍特派是法國大革命時代工商業資產階級的政黨，他們要使革命失去領導，要削弱革命力量的集中，所以企圖把法國轉化成為一個聯邦國家，並破壞革命巴黎之領導作用（在巴黎甲可賓派——急進小資產階級政黨——所領導的市社，成了革命羣眾反對基龍特反動的革命鬥爭組織中心）

——編輯部註

依社會爲生並阻止社會的自由發展）重新還給社會。只此一點，它便足以幫助法蘭西的復活了。

各省城市的資產階級，以爲公社是企圖恢復路易斐立伯時代他們對於鄉村的統治，這種統治在拿破侖第三時代，是被鄉村對於城市的假裝的統治所排除了。實際上，公社的建設是要將鄉村的生產者放在他們區域的主要城市的思想領導之下，並在那裏保證有那些城市的工人來作爲他們利益的天生的代表。公社存在的本身已經自然而然地包含了地方自治，但這地方自治已不再和那種現在已經無用的國家政權相對立了。只有俾斯麥那種人，這種人除了以鐵與血爲首的陰謀以外，常時喜歡重操舊業，爲那個適合於他思想力的『Kladderadatch』雜誌（柏林的滑稽雜誌）撰文。——只有這種人，才會想到說、巴黎公社本質上是要做效普魯士的城市組織（這種組織實是一七九一年法蘭西城市組織的滑稽模倣，它使城市政府變成普魯士國家警察機關的附屬輪子。）在消滅了軍隊與官僚的兩大宗用款之後，公社實現了一切資產階級革命的口號，——廉價的政府。公社存在的本身便是專制政體的否定這專制政體，至少在歐洲是階級統治的經常的重負與不可免的假面具。公社給共和國築下了眞正民主機關的基礎。但是，不論是『廉價的政府』或是『眞正的共和國』，都不是它的最後目的，兩者都不過是它的附帶物而已。

對於公社的解釋之多以及公社內所反映的利益之多，證明出它是異常生動的擴展的國家形式，而一切以前的政府形式，則在他們本質上都是壓迫性的。公社的祕密，就是在它本質上是工人階級的政府，是生產階級反對佔有階級的鬥爭的結果，是最後終於發現的、並在其中能夠完成勞動底經濟解放之政治形式。(註)

（註）列寧分析了馬克思從巴黎公社經驗中所得到的極端重要的教訓，他寫道：

『烏託邦主義者，從事於各種政治形式之「發明」，使社會主義的社會的改造得在這些形式之下實現。無政府主義者，則對於任何政治形式的問題都漠之不理。現代社會民主黨底機會主義者認爲代議制的民主國家底資產階級的政治形式，是不可超越的界限；他們在這個「標本」之前祈禱，碰破了頭額，並且把每一個打碎這些政治形式之企圖，都稱爲無政府主義。

『馬克思從社會主義和政治鬥爭之全部歷史中得一結論說國家是必然要消滅的，而國家消滅之過渡時期（從有國家到沒有國家的過渡時期）底政治形式就是「組成爲統治階級的無產階級。」但馬克思並不去發明這個本來的政治形式。他只限於確切地考察法國歷史，分析它，並且在一八五一年得出結論：說，事情是在於進到打碎資產階級的國家機器。

『當無產階級底羣衆運動爆發了的時候，雖然這個運動是失敗的，短期的，而且顯然是孱弱的，而馬克思卻開始去研究這種運動究竟發現了什麼政治形式。

『「公社」是由無產階級革命「終究發現了」的形式，在這種形式之中勞動底經濟解放是可以實現的。

『「公社是無產階級革命打破資產階級的國家機器第一次企圖並且是「終究發現了」的政治形式，這個政治形式是可以而且必須來代替已破壞的國家機器的。

『我們在後面可以看到，俄國一九〇五年和一九一七年的革命在不同的環境之中和不同的條件之下，繼續着『巴黎公社』底事業並且證實馬克思那種天才的歷史的分析之正確。』（列甯國家與革命中譯本『解放社』版列甯選集第十二卷五五——五六頁）

——編輯部註

如果沒有完成勞動底經濟解放的條件，那末公社的建設將是不可能的東西，將是一種幻想。生產者的政治統治決不能與他們社會的奴隸狀態的永久化並肩而存。所以公社應當是一種工具，能用來根除階級存在及階級統治所依據的經濟基礎。只要勞動一解放，大家就都是工人，於是生產的勞動不再是某一階級的特徵了。

奇怪的事：雖然最近六十年內，關於勞動解放的著作與言論屈指難數，可是，只要工人們在某一地方把自己的事拿到自己手裏的時候，立刻就發生了現代社會（這社會帶着資本與僱用勞動的奴役之兩個極端，在這社會中，土地私有者不過是資本家的不做聲的夥伴而已）擁護者的辯護的聖歌。似乎資本主義社會，還在處女的純潔與天真底時代！似乎它的對立還沒有發展，它的自欺還沒有炸破；它的娼妓化了的實際還沒有被揭破！他們說，『公社，——要破壞爲一切文明基礎的私有財產！』是呵，親愛的先生們，公社曾要破壞將多數人的勞動變爲少數人的財富之階級私產；它曾要剝奪剝奪者；它曾要使現在主要成爲奴役勞動的工具的工具之生產手段、土地與資本變爲自由的與聯合的勞動工具，以造成眞正的個人的私產。

但是，這是共產主義，這是『不可能的』共產主義！可是在統治階級中竟有些人（而且這些人也並不少）懂得現在的狀況是不能長久存在下去的；他們變成了合作生產的到處傳播大聲疾呼的鼓吹者了。如果這種合作生產不是一句空話，不是一種欺騙，如果它應當排除資本主義制度，如果這種聯合能依照整個計劃來組織全國生產，把它拿來自己管理，並以此方法去終止在資本主義生產下所不可免的經常的無政府狀態與定期的恐慌，——那我們試問你們，親愛的先生們，這是共產主義，『可能的』共產主義不是？

工人階級並沒有向公社要求奇蹟。工人階級並不想用民衆的決定去實現現成的與完滿的烏託邦。他們知道，爲要得到他們自己的解放，爲要達到現代社會因本身經濟力量的發展而强烈的追求着的更高生活的形式，它必須經過堅持的鬥爭，經過完全改造人與環境的許多歷史過程。工人階級不是要去實現理想，而是要去解放那些在舊的崩潰着的資產階級社會中已經成長起來的新社會原素。

完全知道自己歷史使命並充滿英勇決心來完成這種使命的工人階級，將以厭惡的微笑去回答那些奴僕的新聞記者的惡罵，去回答那些藉辭科學正確性的奧妙口氣說出愚昧濫調與宗派妄談的資產階級好心信條主義者的博學的教訓。

當巴黎公社負担了革命的領導，當簡單的工人第一次決定侵犯到自己『天生主人』（有產階級）的特權，即其管理的特權之時，他們是在空前艱難的條件之下進行工作的，他們很虛心地、很誠意地而且很有成績地執行他們的工作；他們報酬的最大限度，沒有超過倫敦學校委員會書記所得薪金（如科學界的權威黑胥黎所說之數）的五分之一。但當舊世界看到紅旗——勞動共和國的象徵——飄揚於市政廳時，它眞是氣得發抖了。

這是工人階級被公開承認爲唯一的尙有社會創造力的階級之第一次的革命。就是巴黎的中等階級——小販、手工業者、商人、也都承認這一點，只有有錢的資本家是除外的。公社很聰明的解決了常爲小資產階級內部爭論原因的債權與債務問題，而拯救了這一階級。（註）這一部分的小資產階級會參加了一八四八年對於六月工人暴動的鎮壓，可是

（註）國民軍底中央委員會在三月二十日還把期票之支付延期至一八七一年十月一日在四月十八日巴黎公社頒佈命令所有債務延期三年償還。——編輯部註

接着不久立憲會議便立即毫不客氣地使他們成爲他們債主的犧牲品。但他們走到工人方面來不但是爲了這一原因，他們還感覺到在他們前面只有兩條路，或者是公社；或者是帝國，不論其所打的招牌是什麽。帝國盜竊社會財富，保護交易所投機事業，用人工方法促進資本的集中，並因此而引起了、大部分中等階級遭受剝奪。這樣，在物質方面帝國只能使中等階級破產；在政治上，帝國壓迫中等階級，在道德上，它奢華浪費，使中等階級惱怒。它將中等階級子弟的教育交給『無知之徒』，侮辱伏爾泰的思想（即思想自由，仇視教會與宗教的思想。——譯者）它把中等階級拋入於戰爭之中，而經過戰爭的一切災害後所得之報酬，却只是帝國的顛覆，因而又激怒了中等階級的民族感情，自拿破倫第三的高等官僚與資本家的孤羣狗黨自從巴黎出奔之後，以『共和主義者聯盟』（Union Republi-caine）名義出現的中等階級的眞正『秩序黨』，走到公社的旗幟之下，擁護公社，反對梯

亥爾的誣蔑。至於這種中等階級的羣衆能否支持過現在的難關，那將來就會知道。

公社有充分的權利對農民說：『我們的勝利，就是你們的希望！』凡爾賽所放出的，歐洲報館的高貴浪人所傳給全歐洲的最下流的誣蔑是說國民會議中的地主，是農民的代表。法蘭西的農民對於他們在一八一五年後不得不償與十萬萬賠金（註一）的人突然發生愛情，這不是該當的嗎？從法蘭西農民眼中看來，大土地私有者的存在，本身就是對於他們一七四九年的勝利之掠奪。一八四八年，有產者更對農民土地徵收附加稅一法郎加徵四十五生丁，（註二）可是這事他們却是以革命的名義來做的。現在他們却挑起反革命的

（註一）在拿破崙第一顚覆之後，波旁王朝恢復當權，它決定對於法國貴族在法國大革命時代被削奪的土地給與賠償，償給貴族的款項計十萬萬法郎。——編輯部註

（註二）一八四八年資產階級的臨時政府加徵『四十五生丁附加稅』，其目的是要引起無產階級與農民階級之磨擦。政府藉口養活工人的必要來作為徵收此稅之理由。對於農民所徵收的稅增加了差不多百分之五十，這使農民起來反對革命與共和國。——編輯部註

國內戰爭，爲得要把他們所應支付給普魯士人的五十萬萬賠款的主要重負，加到農民肩上。而公社則相反的，在他一個最初的宣言上面就聲稱，戰爭的重負應當由它的眞正罪人來担當。公社要解放農民的『血租』，給他以廉價的政府，用公社自己選舉出來而且對公社負責的僱傭的公社官吏去代替那些吸血鬼，如公證人、律師與法官之流。公社還要給他們除去鄉警、憲兵與公所的專橫；公社還要用啓發他們的學校教師去代替那些痲木他們頭腦的牧師。法蘭西的農民，首先是會打算盤的，他會覺得，如果付給牧師的錢，不是由收稅者來徵取，而是依照教區內人民信教的程度自動捐助，那末這將是非常合理的吧。這就是公社的統治（只有公社的統治）所能直接給於法蘭西農民的重大利益。所以在這裏用不着再多講只有公社才能夠（而且應當）爲了農民利益去解決的那些更複雜與切實的問題了。這些問題例如像惡魔一樣籠罩在農民土地上的抵押債款問題，關於日益增加的鄉村無產階級的問題，關於因新式農村經濟的發展與資本主義的競爭而日漸加速的農民本身的剝奪的問題。

拿破倫第三是被法蘭西農民選舉爲共和國的大總統的，而『秩序黨』（註）却組織了第二帝國。在一八四九年，法蘭西的農民到處拿他們的首長去與政府的地方官對立，拿他的學校教師去與政府的教士對立，拿他自己去與政府的憲兵對立。這已經開始表示出他實際上所需要的是些什麽。一八五〇年正月二月內由『秩序黨』頒佈的反動法律，據他們自己承認，是反對農民的。農民原是拿破倫的信徒，因爲他把法蘭西大革命和這一革命所給與他的利益與拿破倫的名氏等同起來了。這種自欺，在第二帝國之下，很快的消失了。過去的成見（在實質上農民是仇視地主的），難道能夠抵抗適合於農民切身利益與急迫需要的公社之號召嗎？

地主們很知道（這是他們所最害怕的），如果公社的巴黎能同外面各省自由傳達消息，那末只要三個月，就會引起全體農民的起義。所以他們如此懦怯地急於用警察來封鎖巴黎，以阻止傳染病的散佈。

（註）秩序黨在一八四八年革命時，團集了保皇黨的大資產階級與地主。——編輯部註

公社實是法蘭西社會中一切健全分子的眞正代表，所以它是眞正國家的政府。但是，又因爲他是工人的政府，勞動解放的勇敢的先驅者，所以它又是十足的國際性的。在歸併法蘭西兩省（亞爾薩斯與勞倫兩省。——譯者註）於德意志的普魯士軍隊的面前，公社却使全世界的工人歸於法蘭西方面。

第二帝國是全世界混蛋的快樂節。各國的强盜聞它的號召都爭先恐後的趕來，希圖在其歡宴中、在對於法國民衆的剝削界分嘗一杯羹。就是在現在，梯亥爾的右手還是華拉與地方的騙子蓋尼思科（Gonesco），左手是俄國的偵探馬爾科夫斯基（Markowski）。公社給與一切外國人以爲着不朽事業而犧牲的那種光榮。在國外戰爭（因資產階級的叛變而失敗的）與國內戰爭（因它同外來征服者同施陰謀而引起的）的中間，資產階級在全法國組織警察去殘害德國人，以此來表現它的愛國主義。而公社却委任了德國工人充當勞動部長。梯亥爾、資產階級、第二帝國，都用他們對於波蘭人深表同情的大聲叫喊，來經常欺騙波蘭人，實際上他們是出賣波蘭人給俄國，實行俄國的骯髒事情。公社尊重英勇的波蘭子弟，使他們充當巴黎守護者的領袖。爲着顯豁地劃出公社所自覺地開闢的歷史新紀元，公社在普魯士勝利者以及拿破侖軍官所統率的拿破侖軍隊的眼前，推倒了戰爭光榮之偉大象徵——凡登大柱。

公社偉大的社會設施，就是它自身的存在及其工作。它所採取的各別辦法，只能表示出民衆自己管理自己的發展方向。這類各別辦法如：禁止麪包工人夜工，禁止用種種藉口處罰工人以減低工資（這是一身兼有立法、行政與司法權力的僱主的經常方法，他們把得來的罰金放到自己的腰包中，）違者重罰。同類的辦法還有：將在逃廠主或停工的一切工廠與作坊交給工人合作社，但廠主還有獲得報酬的權利。

公社的財政上的設施是很機智與穩健的。它不得不限於適合城市被圍情形的那種設施。在郝斯曼（Haussmann）治理巴黎時，(註)銀行公司與建築公司的主人，不知道盜

(註)在第二帝國時代，郝斯曼男爵是森縣——即巴黎城——底知事，他進行了許多新的街道與建築物的工程。 ——編輯部註

竊了多少錢，當然公社沒收他們財產的權利，比較拿破倫第三沒收奥利恩（Orleans）皇宮財產的權利要大的多。何享佐龍皇室與英國的寡頭統治者（他們的財產大部分都是剝奪教堂財產來的）當然是對公社大發雷霆，因爲公社從沒收教會財產上面所得的數目還不過八千法郎。

凡爾賽致府在它神思略爲恢復力量略爲鞏固之後，便即用最野蠻的辦法，去反對公社。它鎮壓全法國一切言論自由，禁止大城市內的代表會議，在凡爾賽與全法國，遍佈偵探，較第二帝國時代有過之無不及。它的憲兵檢查員，焚毀一切在巴黎出版的報紙，拆着一切寄自巴黎與寄往巴黎的信件。在國民會議中，稍想說一句袒護巴黎的話，即被狂吠壓倒下去，這種情形，就是在一八一六年地主議會中也是沒有的。凡爾賽人不但對巴黎進行喋血的戰爭，而且還利用收買與陰謀，鑽到巴黎去。在這種情形之下，公社如不欲恥辱地叛賣自己的令名，那末它怎能像在非常太平的時代那樣保持自由主義的儀式和樣子呢?如若公社政府是同梯亥爾政府一樣，那就沒有理由在巴黎禁止『秩序黨』的報紙，在凡爾賽禁止公社的報紙了。

自然，當『地主會議』的代表們宣佈挽救法國的唯一辦法，是使法國重新回到教堂懷抱中去的時候，不信上帝的公社却發現了畢格普斯（Picpus）道院與聖拉倫特（St. Laurent）教堂的秘密，（註）這眞使他們這些代表們發怒了。梯亥爾把榮譽勳章賞給拿破倫的將軍們，因爲他們善於打敗仗，善於簽降書，善於在威廉姆斯海捲香煙；可是，巴黎公社却把稍有不盡職嫌疑的軍官，即刻撤職與逮捕了，這對於梯亥爾不是一種譏刺嗎？公社撤消了並逮捕了那個在里昂曾因破產而受過七天監禁以後又用假名混進公社的公社社員之一，這事對於約爾·法佛勒（這位僞文件的製造者，法蘭西的外交總長將法國出賣給俾斯麥並向無可比擬的比利時政府發號施令）不是有意的侮辱嗎？但公社並不像一切舊政府那樣，自以爲毫無錯誤，公社公佈了一切會議上的演詞，公佈它們一切行動，它

（註）在聖拉倫特教堂中發見了一具被教士所强姦而活埋於墓穴中的女人骨骼，在畢格普斯道院中，藉口說她們是瘋狂，把婦女禁閉起來，她們也陷於同樣的命運。——編輯部註

將自己一切缺點告訴給民衆。

在一切革命中，除了其眞正代表以外還有另一種人。例如：一方面有些人曾在以前的革命中起過絕大的作用，同它們一起長大起來，因而不懂得現代運動的意義。可是，雖然如此，這些人由於自己的毅力、個人的特性或是由於簡單的傳統，還能對民衆有很大的影響；他方面還有些簡單的淸談家，他們一年又一年的重複自己反對現存政府的刻板的宣言，因而得到頭等革命者的名義。這種人在三月十八日之後也出現了。他們盡力之所及起了頭等作用，去阻止眞正的工人階級的運動，正像從前他們這樣的人阻礙一切早先革命之充分發展一樣。他們是一種不可免的惡事，只有經過一定時間才能脫離他們，可是這種時間公社却是沒有。

公社好似用了奇蹟，改造了巴黎。第二帝國的放蕩的巴黎，現在毫無痕跡的消失了。法國的首都，不再是英吉利大地主、愛爾蘭旅外的大地主（註）美利堅以前的奴隸主與放浪

（註）愛爾蘭旅外的大地主，指那些把他們底「收入」浪費於外國而幾乎沒有到他們田莊來過的愛

爾蘭地主。——編輯部註

者、俄羅斯以前的農奴主與華爾興貴族等等的集合場了；在暴屍場上一個屍首也沒有了；夜中盜劫也沒有了，差不多沒有過一次偷竊。自一八四八年起，巴黎街道第一次變成平安的了，雖然在街上簡直連一個警察也沒有。一個公社的委員說，『我們已不聽到殺害、搶劫及反對個人的犯罪了；看來似乎警察已把他們所有的保守的朋友都隨身帶到凡爾賽去了一樣。』妖媚的女人，已跟了他們的保護者，那些擁有家庭、宗教尤其是私產的逃亡者一起走了。代替她們的是眞正的巴黎婦女，她們勇敢、大度並富於犧牲精神，正如古代的婦人。勞動的、思想的、鬥爭的與流血的巴黎，輝耀着對於自己歷史創造的熱誠的自覺，它完全致力於新社會的建設而差不多忘記了站在它城牆之外的吃人者。

同這巴黎的新世界對立的是凡爾賽的舊世界，這是一切陳腐制度的廢物（渴望撕食民衆屍體的合法派人與奧利恩派人）的集團，它還帶上國民會議中擁護奴隸主暴動的那些共和黨人所組成的尾巴；這些共和黨人，希望因爲立於統治首位的老庸醫之虛榮，而能夠保持他們的國會制度共和國，他們在約・特・伯姆（Jeu de Paume）球場（註）開他們的祕密會議來滑稽地模倣一七八九年（法國大革命那年。——譯者。）這個集團（代表法蘭西一切腐朽東西的一具死屍）之所以還繼續過着幽靈般的生活，只是因爲有拿破侖派將軍的刺刀來作爲他們的支柱。巴黎全是眞理。凡爾賽全是胡說。這胡說的高唱者，就是梯亥爾。

梯亥爾對賽納與烏哀斯（Seine-et-Oise）省的市長代表團這樣的說道：『你們可以相信我的話，我從沒有食言過。』關於國民會議，他說『它是法國從來所有議會中最自由主義的、最自由選舉出來的一個。』關於他的龐雜部隊，他說：『它是世界的奇蹟，』法國從所未有的『最好的軍隊。』他對各省的人說，轟擊巴黎，這是無稽之說：『如若落進了幾個砲彈，那末這也不是凡爾賽軍隊放的，而是暴動者放的，因爲他們要表示出他們是在戰

（註）這是網球場之名。一七八九年，國民會議在這個網球場中宣誓說在未把憲法完成之前，即使國王下令，國民會議也不解散。

——編輯部註

鬥着，而其實他們是不敢稍一露面的。』後來他又向各省宣告道：『凡爾賽的砲隊並沒有轟炸巴黎，只是將大砲向巴黎射擊而已。』他向巴黎的主教說，人家駡凡爾賽人實行了槍殺與壓迫辦法，這一切全是謠言。他向巴黎聲稱，他『只不過要把巴黎從壓迫它的可惡的魔王手裏解放出來』，公社的巴黎，『只不過是一羣罪犯而已。』

梯亥爾的巴黎，不是『下層百姓』的眞正的巴黎；它是虛幻的巴黎，騙子的巴黎，男女遊蕩者的巴黎，有錢人的、資本家的、淦金者的、遊手漢的巴黎；這巴黎現在將它的奴僕、騙子、蕩婦、文丐充滿了凡爾賽、聖地尼（Saint-Denis）呂哀爾（Rueil）與聖茄門（Saint-Germain）這巴黎把內部混戰只當做有趣的消遣品，它從望遠鏡裏觀看戰鬥，計算放砲次數，並且用它自己及它娼婦的名譽來宣誓說：這裏的表演，比較聖馬丁（St. Martin）戲院中的表演還要好的多。死者眞是死去，傷者的呼聲也不是假造的，這種在他們面前演着的戲劇，眞是世界歷史的戲劇。

這就是梯亥爾的巴黎，正好像柯布倫茨的逃亡，是台卡龍（De Calonne）的法蘭西

一般。(註)

四

奴隸主第一次企圖用普魯士軍隊佔據巴黎的謀陰，因俾斯麥的拒絕而失敗了。三月十八日第二次圖謀的結果是軍隊失敗，政府以及全部行政機關逃亡到凡爾賽。梯亥爾假裝同巴黎進行和平談判，爭取時間準備作戰。但他從那裏取得軍隊呢？戰鬥部隊的殘餘，人數既少，又不大可靠，他發給各省的催促國民軍與志願軍快來幫助凡爾賽的宣言，又得到了公開的拒絕。只有不列登派遣了一些『凶徒』(Chouans)這些人，胸上帶着白布的耶穌的心，在白旗下面進行戰鬥，他們戰鬥的呼號是『國王萬歲！』這樣，梯亥爾只能匆匆忙忙的集合一些水手、海軍教主的武士，死倫頓的衛兵、皮涗里(Pietri)的警察與偵探等等的龐雜隊伍，假使沒有逐漸到來的被俘的拿破倫軍隊，那末梯亥爾的軍隊眞是稀少得可笑

(註 柯布倫茨是法國大革命時代反革命貴族逃亡的中心地。台卡龍是一七八九年革命前夜的法國的宰相。 ——編輯部註

（俾斯麥放回這樣數量的法國俘虜，使得一方面他們能夠進行國內戰爭，他方面，凡爾賽不能不對普魯士處於奴隸般的依靠的地位。）凡爾賽的警察，在戰爭時應當監視凡爾賽的軍隊，而憲兵却應當常常帶着這軍隊，把他們送到最險要的地點上去。陷落的砲台，不是奪得的，而是購買得的。公社社員的英勇告訴了梯亥爾，要克服巴黎的抵抗，他的戰略天才既不夠，他所統帶的軍隊的數量也不夠。

同時，他同各省的關係一天一天變成更其不好了。凡爾賽沒有接到一封同情信，能夠稍爲鼓勵梯亥爾及『地主』們的勇氣。相反的，來自各地的代表與聲請書，都以不大尊敬的口氣，要求凡爾賽在無條件的承認共和國、確認公社的自由、解散已經滿期的國民會議之基礎上去同巴黎議和。代表與聲請書是如此之多，使得梯亥爾的司法總長杜福爾，不能不在四月二十二日通令上命令國家檢察官把『主張議和的宣言』看成罪案。梯亥爾看到進攻巴黎沒有希望，於是決定改變策略，指定在四月三十日，根據他指令國民會議通過的新法律，舉行全國市政府的改選。他利用他的地方官的陰謀或他的警察的恐嚇，相信各省的選舉，必定會給國民會議以向所未有的權威，他更希望各省能給他以征服巴黎的物質力量。

除他的反對巴黎的强盜戰爭（爲他自己公報上所讚美的）與他的總長們把恐怖滿佈於全法國的企圖以外，他更決定用小小的議和的滑稽劇來作補充。這滑稽劇應當有幾種作用，它應當欺騙各省區，吸引巴黎中等階級到他這方面來，而最主要的，却是在於使國民會議中的假共和黨人有可能用他們對於梯亥爾的信仰，來掩蓋他們對於巴黎的叛變。三月二十一日當梯亥爾還沒有軍隊時，他在國民會議中說道：『不論怎樣，我總不派軍隊到巴黎。』三月二十七日，他揚言『我就職於共和國已經成爲既成事實之時，我堅決的保護它。』實際上他利用共和國的名義，鎮壓了里昂與馬賽的革命，(註)他的『地主』們，一

(註)在里昂，革命之爆發與公社之宣佈是發生於三月二十二日，在馬賽是發生於三月二十三日；他們都迅速地被梯亥爾政府鎮壓下去了。在都魯士（Toulouse）那滂（Narbonne）與其他幾個城市也曾宣佈成立公社。

——編輯部註

聽到『共和國』三字，就用狂叫將它壓倒下去。此後，他又把既成的事實認作是假定的事實。從前他所謹慎地從卜都遺散出去的奧利恩王子們，現在又在特畢安（Dreux）搗亂，公開破壞法律。梯亥爾在其對於巴黎人與各省代表的無數會議上所提出的條件，雖然口氣色彩很多變換，但結果總不外乎必須『處罰那些殺死克萊孟湯姆與萊康德的一批犯罪者。』當然這上面還加上一個不言自明的條件，即：巴黎與法蘭西要承認梯亥爾自己為最好的共和國，正像三十年代時代梯亥爾承認路易斐立伯為那時最好的共和國一樣。但是就是這些條件，根據他的總長們在國民會議上的官場的解釋，還是可以懷疑的。他並不以此為滿足，他還經過杜福爾去行動。舊日奧利恩朝的律師杜福爾，在被圍情況之下，常常起了高等法官的作用。在現在一八七一年梯亥爾治下如此，在一八三九年路易斐立伯治下如此，在一八四九年拿破倫第三治下亦如此。當他不是總長時，他擁護巴黎的資本家，攻擊他自己所頒佈的法律因而發了財，並且得到了政治家的稱號。他不滿足於國民會議中所通過的許多壓迫的法律（這些法律，在巴黎陷落之後可以用來消滅共和國自由的最後的殘餘）他預想巴黎將來命運而採取以下辦法：在他看來軍事法庭法的審判程序還是太慢，他把這種程序縮短而頒佈了新的殘酷的充軍法。一八四八年的革命，消滅了對於政治犯的死刑而拿充軍來代替它。就是拿破倫第三也至少不敢公開的恢復斷頭台。凡爾賽的地主會議，還不敢說巴黎人不是起義者而是强盜，它於是不得不限於用杜福爾的充軍法來反對巴黎。在這種情況之下，梯亥爾當然不能很久的延長他的議和的滑稽劇，因為這一滑稽劇引起了地主們瘋狂的反對（實際上這正是他所希望的，）而這些人因為他們愚蠢，既不能了解他的把戲，又不能了解他的虛偽做作與遲延的必要。

看到四月三十日市政府選舉快要到來，梯亥爾便於四月二十九日做了一次他的議和的把戲。在他所作的許多感情講話的中間，他曾從國民會議的講壇上說了這樣的話：『反對共和國的，只有一個陰謀，巴黎的陰謀，這陰謀使我們不能不流法蘭西的血。我現在再重複的說：讓那些舉起武器的人放下他們瀆神的武器吧，那我們就會放下正義的劍來訂立和平條約，被除外的，只是一小部分罪犯而已。』在答覆打斷他講話的地主怒喊時他說道：『先生們，敬請你們告訴我，難道我所說的話不對嗎？難道你們因爲我說了罪犯不過是一小部分人的公道話，而眞的不好過嗎？流萊康德與克萊孟湯姆將軍的血的人，只是一些例外，難道這點你們不以爲是我們不幸中之幸嗎？』

但是，法蘭西對於梯亥爾自以爲具有妖婦歌唱的魅惑之力的演說，還是置若罔聞。在三萬五千個公社所選舉出來的七十萬個市政府議員中，合法派、奧利恩派與拿破倫派合併起來還將不到八千人。補充選舉與複選的結果更表示對於梯亥爾政府的敵意。國民會議不但得不到它所必需的各省的物質幫助，而且還失去了他自己要求威望的最後的權利，即成爲全法國普選制的表現的權利。爲完成這個失敗起見，全法國城市中所選舉出來的市政府議員們，自己在卜都召集議會來威嚇僭竊權位的凡爾賽議會。

爲俾斯麥所久候的盡力干涉的時期，現在是到來了。他拿着發號施令者的口氣，命令梯亥爾立刻派全權代表到法朗克府，去最後訂立和平條約。梯亥爾自然卑怯地唯命是聽地趕快執行了他的主人、他的上司的意志，把他的忠實的朋友約爾·法佛勒與波野爾·

克爾底爾派到法朗克府去。波野爾・克爾底爾是路安地方紡織廠的『著名的』廠主且第二帝國的熱烈的甚至曲意奉迎的擁護者。在他看來，第二帝國除了那妨害他廠主利益的英法商約（註）之外，毫沒有什麽不好的地方。當梯亥爾在卜都任命他爲財政總長之時，他開始對這『不幸的』條約實行攻擊，以爲這條約不久卽須消滅。他甚至無恥到了這種地步，竟想重新採用舊的反對亞爾薩斯的保護稅制（雖然因爲沒有得到俾斯麥的允許，未能成功。）據他自己說，這在當時是沒有任何國際條約來加以阻止的。這人把反革命看作是減低路安地方工資的工具，把對於各省區讓步看作是提高他自己商品在法國價格的工具，這人，的確是約爾・法佛勒在他最後的終結其全部事業的賣國行動中最適當的同道者。

當這絕妙一對全權代表到了法朗克府之時，俾斯麥便以軍人氣概命令道：『或者恢

（註）拿破侖第三在一八六〇年與英國所締訂的商約，減低了對於英國貨物的進口稅。

——編輯部註

復第二帝國，或是無條件的接受我的和平條件！』他的條件，就是在於軍事賠款償付期應予縮短，並且在俾斯麥以為法國情形還不能令他滿意之時，普魯士軍隊應予佔據巴黎砲台。這樣，普魯士就被認為是法蘭西內政的最高法官，而俾斯麥方面，則表示完全準備好釋放被俘虜的拿破倫軍隊來消滅巴黎，並且在必要時，還可以用威廉皇帝的軍隊去幫助他。為了保證他決不食言起見，他將第一部分賠款的支付期延長到巴黎『平定』之後。梯亥爾及其全權代表，當然急忙地吞下了這種釣餌。五月十日，他們簽訂了條約，五月二十一日，由於他們的努力，條約已為國民會議批准了。

從訂定條約到被俘的拿破倫軍隊回國的這期間，梯亥爾覺得比平日更有繼續他的『議和』滑稽劇的必要。尤其必要的，是因為他的共和主義的走卒們，非常需要適當的藉口，使得他們能夠從手指的間隙中去觀看對於巴黎的血腥屠殺的準備。五月八日，他在回答那些主張調停的中等階級代表們時，還說道：『只要暴動者答應投降，那巴黎的城門就可以洞開一星期，讓大家（除殺死萊康德與克萊孟湯姆兩將軍的兇手以外）進出。』

幾天之後，當『地主們』要求他對這種允諾作一解釋的時候，他竟置而不答，但是却很有深意地說道：『對你們說吧，在你們的中間，有很多沒有耐心的人，他們太過於性急了。請他們再等一星期吧，一星期之後什麼危險也沒有了，任務將看他們的勇氣與能力來解決。』當馬克馬洪（Mac Mahon）答應他說不久卽可進入巴黎之時，他卽在國民會議中聲明道他將『拿着法律走進巴黎，強制那些流兵士之血、破壞公共紀念碑的混蛋淸償他們的罪惡。』當決勝的一分鐘到來時，他對國民會議聲明道他對巴黎『決不留情』，巴黎的罪名已被判定，至於拿破倫派的強盜們，那末政府是答應他們任意去向巴黎報仇的。最後，當叛賊於五月二十一日給杜哀（Douay）將軍打開了巴黎的城門之後，梯亥爾就於五月二十二日爲『地主們』揭開了他們所死不懂得的議和把戲的『目的。』幾天以前我對你們說過，我們接近着我們的目的了；今天我來對你們說，我們已經達到了我們的目的。秩序、正義與文明，最後得到了勝利！』

對呵！這的確是勝利。當資產階級制度下的奴隸們舉行正義反對他們主人時，這種制度的文明與正義，方在眞正的充滿罪惡的色彩中表露出來了。那時，這一文明這一正義正是赤裸裸地野蠻的與非法的復仇。財富生產者與財富享受者的階級鬥爭中的每一新的危機，都更明顯的表示出了這一事實。與一八七一年空前的罪惡相較，甚至一八四八年資產階級的暴行也相形見拙了。在凡爾賽人攻入城內以後，全部巴黎人民——男的、女的與小孩子——還整星期的以自我犧牲的英勇精神進行戰鬥，這種英勇精神反映出他們事業的偉大，正像兵痞的野獸行動反映出爲他們所保護、由他們來報復的那種文明的全部精神一樣的明顯。在戰爭之後，還是大批殺戮，結果使得如何處理大堆死屍的事情成爲困難的問題，這樣的文明，眞是偉大的文明啊！

如要找到近似梯亥爾與其劊子手們行動的例子，那就必須回頭到蘇拉與兩個羅馬得勝者的時代去。同樣的不動聲色的大批殺人；同樣的劊子手對於犧牲者的年齡與性別絲毫不顧；同樣的毒打被囚者；同樣的流徙，不過這一次是反對整個階級罷了；同樣野蠻地搜尋隱藏起的領袖，使他們沒有一個能存留下來；同樣的把政治的與私人的仇敵告密，同樣殘忍地屠殺那些完全沒有參加鬥爭的人們。所不同的，只是羅馬人沒有機關槍來整批的槍斃囚徒，他們沒有『手執法律』口說『文明』那樣罷了。

除了那些獸行之外，再來看一下資產階級自己報紙所描寫出來的資產階級文明的更可恥的另一方面吧。

一個倫敦的保守派報紙的巴黎通訊員寫道：『遠地裏還響着槍聲，受傷的人無人照顧，聽其死於俾爾·拉希斯的墓石中間；六千個暴動者正在死亡前絕望地徘徊着，他們却迷路在曲折莫辨的墓穴之間；街道上窮追着不幸者，爲得要用機關槍來把他們殺死。在這個時候，看到各種各樣的老爺先生們在咖啡館內作樂，飲着酒，打彈子，玩骨牌，妖冶的婦人在大街上走來走去，再在夜深人者之際，聽到從富麗的酒館的小房間中發出歡樂的叫聲，這眞不免令人氣憤』。愛德華·愛爾維（Edward Helve）先生在巴黎報（曾爲公社封閉的凡爾賽的報紙）上寫道：『巴黎的居民（！）昨晚表現他們歡樂的方式，實不只是輕佻而已，我怕這樣下去，一定還要更壞。如果我們不願得到『遺落時代的巴黎人』的稱號，那末，這種歡樂情形，是完全要不得的。』於是，他引用了泰采脫（Tacitus）的語句：『看呵，在這個可怕鬥爭的第二天早晨甚至更早些，在鬥爭還沒完全終結以前，墮落的、腐敗的羅馬，又跌落到放蕩的沼澤中去了。這種放蕩毀壞了他的肉體，弄汚了他的靈魂——這兒是鬥爭與創傷，那兒是餐館與澡堂。』不過愛爾維先生忘記了他所說的『巴黎居民』是從凡爾賽、聖地尼、羅威爾與聖日耳曼大批奔回的梯亥爾的巴黎居民騙子的巴黎居民而已，這眞是『墮落時代的巴黎。』

這個根據於勞動奴役之上的可恥的文明，在每一次血腥勝利中，用那種回響於全世界的汚衊與毀謗的狂呼去掩沒爲新的更好社會而奮鬥、而犧牲的戰士的喊聲。公社時代快樂的工人的巴黎，在那些守衞『秩序』的血腥走狗的手下，突然變爲地獄了。全世界的資產階級，對於這種奇怪的變化作如何的評判呢？他們只是說，公社對於文明圖謀不軌！巴黎的民衆，爲了公社視死如歸，自古以來沒有一次戰鬥死了這麼多的人。這是什麼意思？只是說公社不是民衆的政府，而是一小羣罪人用暴力奪來的政權！巴黎的婦人很高興地死於巷戰中死於刑場上。這是什麼意思?只是說公社的魔鬼把她們變成了馬格爾（Mager-as）(註)與海加脫（Hecates）在公社完全統治的整個兩個月內公社的溫和只能與它保護自己的那種英勇毅力相比擬。這是什麼意思?只是說公社在兩個月內只用它的溫和與人道來遮蓋它的惡魔般的對於血的渴望，使之能在臨死的痛苦中自由地發洩出來!

巴黎的工人，在他們英勇的自我犧牲中，使火延燒了房屋與紀念碑。當無產階級的奴役者一塊一塊地撕碎無產階級的肢體時，他們休想得意洋洋的回到他們完好的住宅中去。凡爾賽政府大喊『放火!』並輕輕地告訴他的奴僕（一直到窮鄉僻壤）以這類的口號:『搜殺我們的一切敵人，把他們當作簡單的放火者。』全世界的資產階級，很快樂的看着戰門之後大批人們的被殺，但當私人住宅被『弄髒』時，他們就勃然大怒了!

當政府正式核准海軍去『格殺焚燒破壞』之時，這是不是核准放火?當英國的軍隊竟焚毀華盛頓的議院，焚毀中國皇帝的夏宮時，那是不是放火?當普魯士人不是爲着軍事原

（註）馬格爾，據古希臘神話，是復仇女神之一。一般的是指强悍的女人。——譯者註

因而是單純由於惡意報復的念頭，遍洒洋油（如在夏多頓）燒燬城市與許多村莊，這是不是放火？當梯亥爾在六個星期內砲轟巴黎而聲說這僅僅是爲着破壞那些有人居住的房屋之時，這是不是放火？在戰爭中間，火，是完全合法的武器。向敵人佔據的房屋轟擊，是爲得燒燬它。當守禦者不得不退出房屋時，他們就自動的燒燬它，使進攻者不能在房屋中鞏固起來。妨礙任何常備軍行動的一切房子，要遭遇不可免的命運——被焚燬，可是在奴隸反抗壓迫者的戰爭中，這種行動却被看做是犯罪！公社完全把火當做防禦（嚴格的意義）的工具；它利用火是爲了不使凡爾賽的軍隊進到那直長的街道上（這類街道是奧斯曼有意爲了便於砲擊而建設的）；它用火是爲掩護它自己的退却，正像凡爾賽人進攻時利用他們的炸彈一樣，這種炸彈所破壞的房屋並不比公社的火所焚毀的爲少。一直到現在，還不清楚到底那些房子是進攻者焚毀的，那些是守禦者焚毀的。而且，防守者只到凡爾賽軍隊開始大批槍殺俘虜之時，才着手用火。關於這一點，公社老早就聲明，如果公社被逼到了極端，那他就要在巴黎廢墟之下埋葬自己，使巴黎變爲第二個莫斯科。這種預言，從前國防政府也曾說過，當然它不過是用來作爲掩蓋自己叛變的假面具而已。爲了這一點，脫羅秀曾經預備了很多的洋油。公社知道，它的敵人毫不顧惜巴黎人民的生命，可是對於他們在巴黎的住宅，却非常重視。而梯亥爾則宣稱他將實行殘酷的復仇行動。當一方面他的軍隊已經準備好作戰，他方面普魯士軍已經封鎖了一切出口之所，他就高叫：『我將是無情的！贖罪需要高價，審判須要嚴厲！』如若巴黎工人的行動如像凡達爾人（註）一樣，那這將是決死防禦的凡達爾主義而不是勝利者的凡達爾主義，有如破壞上古時代眞正可貴的美術紀念物之基督教徒凡達爾主義那樣。不過就是後一種凡達爾主義，歷史也以爲是可以原諒的，因爲這是在新興的社會同沒落的社會作偉大的鬥爭時必不可免的而且比較不大重要的隨從物。至於公社的行動，同那種爲着給佚樂者肅清道路而破壞歷史的巴黎之那種奧斯曼凡達爾主義相較，那更是不相像了。

（註）凡達爾人是德意志人之一種，在五世紀初期侵入西班牙，佔領其南部，四二九年侵佔羅馬所屬的非洲；四五五年，刦掠了羅馬。凡達爾人作了許多粗暴破壞的行動。——譯者註

那末公社殺死六十四個抵押者（其中有巴黎的大主教），這又是怎樣一回事呢？一八四八年六月，資產階級及其軍隊重新恢復了早已絕滅的槍殺無抵抗底俘虜的軍事習慣。以後，這種野蠻的習慣，在歐洲與印度鎮壓一切民衆起義之際，就多少被經常採用了。這顯然證明，此種習慣確是眞正的『文明的進步！』此外普魯士人在法國重新採取了扣留抵押者的習慣，要使那些毫無罪名的人，以自己性命去爲他人的行動負責。像我們所知道的，當梯亥爾在戰爭開始就採取槍殺被俘公社人員的人道主義習慣時，公社除了使用普魯士人所採取的扣留抵押者的習慣以外，再沒有其他的方法來拯救那些被俘者的生命。凡爾賽人之繼續槍殺俘虜，實際上就是把他們抵押者處死。在馬克馬洪的侍衞以如此血腥的屠殺來慶祝他們進入巴黎之時，這些人的命又怎能再被饒赦呢？難道對於不顧一切實施暴行的資產階級之最後防禦手段——扣留抵押者——只是開玩笑嗎？達爾波主教的眞正兇手是梯亥爾。公社曾經不止一次提議將大主教與其他許多牧師來同勃朗基交換，可是梯亥爾却緊緊的拿住他不肯放手。梯亥爾對於這種交換堅決的拒絕了。他知道放丁勃朗基是使公社有了首腦，而大主敎的死尸較之活的大主敎對於他更有用處。在這場合上，梯亥爾是仿效加文尼亞克（Cayaignac）的。加文尼亞克同他的『秩序保護者』於一八四八年六月，是如何暴怒地責備暴動者殺死大主敎阿富爾（Affre）啊！實際上，他們很知道，殺死大主敎的是『秩序黨』的兵士！親見此事的大主敎手下的一位總牧師若克梅，於事情發生之後就立刻公開證明了這點。

『秩序黨』在自己一切屠殺的血宴之後，總是散播了許多關於自己犧牲者的謠言，這只是證明出，我們的資產階級認爲自己是古代封建諸侯的合法承繼者，這些諸侯，承認自己有使用一切武器來反對平民之權，可是當平民使用任何武器之時，則他們就以爲是罪惡了。

統治階級利用國內戰爭的幫助與外國征服者的保護來鎮壓革命底那個陰謀（對這一陰謀，我們已從九月四日起一直看到馬克馬洪的侍衛進入聖哥羅門爲止）是以巴黎的大屠殺爲其終結的。俾斯麥很自滿地看着巴黎的廢墟，並且大致還以爲這是一切大城市總破壞的『第一步』因爲當他還只是一個簡單的地主，還只是一八四九年的普魯士『無雙議會』的議員時，他就喜歡夢想這一點。他很自滿地喜歡着巴黎無產階級的死屍。在他看來，這不但是革命的絕滅，而且也是法蘭西的消滅，這法蘭西現在已經沒有了首腦，而這首腦的取消正是法蘭西政府自己幹的。他的膚淺，正像其他一切榮貴的政治家一樣，他只看到這件偉大歷史事件的外表。難道你們在過去的歷史上，曾經看到過征服者能夠利用被征服的政府來作警察與僱用兇手以完成自己勝利的例子嗎？普魯士與公社中間，沒有發生過戰爭。相反的，公社曾答應和平的初步條件，普魯士也宣佈了中立。這樣說來，普魯士不是交戰的一方面。可是普魯士的行動，却正如一個懦怯的兇手，因爲它作了那種對他沒有任何危險的兇事；又正如一個僱用的兇手，因爲他預約好在巴黎陷落時，給他以五萬萬法郎的兇殺的代價。看呵，這就是上蒼用十分道德的相信天神的德意志的手來懲罰無神的、放蕩的法蘭西之戰爭的眞相！這就是從舊世界法律家的觀點看來也是對於國際法的空前的違犯。可是這種違犯，却沒有迫使歐洲的『文明』政府起來宣佈那個爲彼得堡內閣手內簡單工具的罪惡的普魯士政府是個犯法者；而却僅僅給了它們（指那些「文明政府」）以討論如下問題的口實，：就是他們應不應當把那些從巴黎雙重包圍中脫逃出來的不多幾個的戰爭犧牲者移交給凡爾賽的劊子手？

在新時代最可怕的戰爭之後，戰勝者與失敗者的軍隊聯合起來，來共同殘殺無產階級。這樣的空前事件並不是像俾斯麥所想的，證明那個正為自己開闢道路的新社會已經最後的失敗，而只是證明舊的資產階級社會已經完全腐化。舊世界所尚能做的最大的英勇事業，是民族的戰爭，可是現在看來，這也不過是政府的純粹欺騙的勾當，其目的只是在於延緩階級鬥爭；只要階級鬥爭一爆發為國內戰爭的大火，這種戰爭便被拋置一傍了。階級的統治已經不能拿民族的外套來掩蓋了；在反對無產階級時，許多民族的政府是一起的。

在一八七一年的白色星期日之後，法蘭西的工人與他們勞動生產品的享受者之間，已經不能有和平，不能有調解了。雖是僱用軍隊的鐵腕一時能把這兩個階級平靜下去，然而它們的鬥爭必要重新爆發，而且還要更厲害的展開起來。至於最後，誰是勝利者：是少數的享受者，還是最大多數的勞動羣衆？這一問題，是不能有什麼懷疑的。法蘭西的工人，不過是整個現代無產階級的先鋒隊罷了。

在對於巴黎的鎮壓上面，歐洲各國的政府事實上表現了階級統治的國際性，可是它們同時又向全世界高喊，這次不幸的主要原因是在於國際工人聯合會，即在於反對全世界資本陰謀的國際勞動的組織。梯亥爾責駡這組織，說它是勞動的專制魔王，而說他自己是勞動的解放者。畢加爾則禁止國際的法國會員與其他國外的會員發生任何關係。已成木乃伊的老頭兒蕭培爾公爵，曾是梯亥爾在一八三五年的舊同事，他聲稱每個政府應該以消滅國際為自己的主要任務。地主們，國民議會的代表們，狂吼似的來反對國際，而歐洲的新聞界則一致加以附和。一個可敬的法國的作家，一個同我們國際工人聯合會沒有絲毫共同之點的人，關於國際這樣說道：『國民軍中央委員會委員與公社的大部分社員，都是國際工人聯合會最活動、最清楚、最努力的首領……這是些完全忠實的、誠懇的、聰明的、富於自我犧牲精神的、純潔的而且狂熱（照字的好的意思講）的人。』充滿警察精神的資產階級的陳見，當然把國際工人聯合會看做是一種秘密的陰謀的結社，說它的中央管理局時時指定在各國舉行暴動。可是，實際上，我們的國際工人聯合會，不過是聯合文明世界各國先進工人的國際聯合會能了。不論那裏發生什麽階級鬥爭，不論這鬥爭採何種形式，不論這鬥爭發生於何種條件之下，不論這鬥爭的內容如何，站在鬥爭的前線上的，自然總是我們國際工人聯合會的會員。這聯合會所由產生的基礎，正是現代社會的本身。不論流洒多少鮮血，這聯合會是不能被消滅的。要消滅它，各國政府首先應當消滅資本對於勞動的專制的統治，即首先應當消滅他們自身寄生性的存在的基礎。

★ ★ ★ ★

工人的巴黎與他們的公社將永遠是被敬爲新社會光榮的先驅者。它的被難者，將永遠被記在工人階級偉大的心坎之中。它的劊子手，已被歷史釘上了恥辱牌，任何他們牧師的禱告都不能把他們取下來。

一九七一年五月十九日倫敦。

馬克思致顧格曼論巴黎公社的信

一八七一年四月十二日於倫敦。

一

如果你讀到我底拿破倫第三政變記底最末一章，你就可看見我說了這樣的話：法國革命底下一次的企圖，不再是像從前一樣把官僚主義的軍國主義的機器從一手移轉於他手，而是要把它打碎；這是歐洲大陸上每一眞正民衆革命底先決條件。（註一）我們英勇

（註一）在這裏所發表的致顧格曼的信中，馬克思對巴黎公社作了估計，認爲公社是：『有偉大意義的歷史的實驗，是世界無產階級革命底某種前進，較之幾百條綱領和討論尤爲重要的一個實踐步驟』。（列寧國家與革命）

列寧在一九〇七年寫道，馬克思的這封四月十二號的信是『我們願意看見每一個俄國社會民主黨

員與每一個識字的俄國工人都把它懸掛於家中壁上的一封信。』

在這封致顧格曼的信中，馬克思把那些對於馬克思主義國家論非常重要的結論，（這些結論他是從巴黎公社底世界歷史經驗的基礎上得出來的，）陳述得更爲正確，更爲明瞭，更爲優良。（如列寧所說）

『很明顯地馬克思底四月的信（一八七一年四月十二日）表達了與第一國際總委員會在五月末（一八七一年五月三十日）的宣言中所包含的一樣的思想。

『在法蘭西內戰一書中稱爲「現成的國家機器」，在一八七一年四月十二日的信中就稱之爲「官僚主義的軍國主義的機器」；在法蘭西內戰一書中用「簡單地奪取」這幾個字所表達的，在一八七一年四月十二日的信中，又再陳述得更爲正確，更爲明瞭，更爲優良：「從一手移轉於他手」。此外法蘭西內戰一書所沒有的一些補充，是特別重要的：不是把現成的「機器」從一手移轉於他手，而是把他打碎。巴黎公社開始是幹這件事，但可惜沒有幹到完成。』（列寧馬克思主義論國家）

馬克思在四月十七日致顧格曼的信中，對於羣衆底歷史的創造力估計得很高；——列寧對於此點特別重視。列寧把這估計與俄國孟塞維克對於一九〇五年革命的估計相對比。他指出馬克思與普列哈諾夫之間對於這個問題是存在着巨大的鴻溝。普列哈諾夫在一九〇五年革命失敗之後，達到了懦怯的機會主義的結論說『他們原不應動用武器呵。』

『這位最淵博的思想家（他在六個月之前就已經預料到失敗）對於羣衆底歷史創造力之尊敬，與無生命的無靈魂的迂腐的話——『他們原不應動用武器呵！』相較，豈不是有天淵之別嗎？

『……馬克思善於珍視這樣的事實，就是在歷史中含有這樣的時機，羣衆甚至爲一個無成功希望的目標而拚命奮鬥，但這爲了給這些羣衆以更進一步的敎育，爲了訓練他們準備下一次的鬥爭，還是必要的。』（列寧馬克思致顧格曼書信集俄譯本序文）

正如馬克思從失敗的巴黎公社底經驗得到了非常重要的敎訓，以充實他的國家學說一樣，勝利的蘇聯無產階級底更有意義的世界歷史的經驗，在列寧與斯大林之手內成爲把馬克思對於革命、對於國家與對於無產階級專政的學說更進一步地發展之豐富材料。——編輯部註

（註二）在國家與革命一書中，列寧對於馬克思爲什麼將他的結論限於歐洲大陸作如下的解說：

『這在一八七一年的時候，自然是很明白的，那時英國還是純粹資本主義國家底模範，而沒有軍國主義，就大體講來，也沒有官僚制度。因此，馬克思便把英國除外，就因爲在當時英國的革命，甚至於民衆的革命，卽使沒有破壞「現成的國家機器」這一個先決條件，也有實現的可能。

『現在，一九一七年，是第一次帝國主義大戰的時代，馬克思所說的那個例外，已經不適用了。世界上最大而最後的那兩個無軍國主義和官僚主義的盎格魯撒克遜「自由」底代表者——英國和美國——，已完全捲入全歐的汚穢的血坑中去了。捲入凌駕一切和壓服一切的官僚主義的軍國主義的制度的血坑中去了。現在無論在英國和美國，「一切眞正民衆革命的先決條件」便是打碎和破壞「現成的國家機器」（在一九一四年到一九一七年之間這些國家已經準備了像「歐洲」一樣的一般帝國主義的完備機器）』，此外列寧特別重視馬克思使用『民衆革命』這個概念，並給予如下的解釋：

『在一八七一年，歐洲大陸上無論在那一國家內，無產階級都尙未成爲民衆底多數。把眞正大多數的民衆捲入運動旋渦中的「民衆」革命當時只有把無產階級和農民包括在內才有可能。這兩個階級構成當時的「民衆」。這兩個階級由於受「官僚主義的軍國主義的國家機器」底壓迫、踐踏、剝削而聯合起來了。打碎這個機器，破壞這個機器，便是「民衆」的、民衆大多數的工人和多數農民之眞正利益，便是貧農和無產階級自由聯合底「先決條件」，要是沒有這個聯合，則民主制是不穩固的，社會主義的改造是不可能的。

『大家都知道，「巴黎公社」雖然由於許多內部和外部的原因沒有達到目的，可是它爲自己開闢了走向這個聯合的道路。』（見國家與革命中譯本『解放社』版列寧選集第十二卷三八一頁）

的巴黎黨的同志們所企圖的，就是如此。這些巴黎人，是有何等的機動能力，何等的歷史的創造力何等的自我犧牲的能力呵！經過了六個月的飢餓與破壞之後（造成飢餓與破壞的，與其說是國外的敵人，不如說是國內的叛變）他們，在普魯士的刺刀下面革命起來，好像法國與德國沒有發生戰爭似的，好像敵人不在巴黎門前似的。在歷史上，還從來沒有過像這樣偉大的例子。如果他們歸於失敗，那只是由於他們底『寬容的性質』在最先維諾衣，後來巴黎國民軍底反動部分，都敗退到凡爾賽之後，他們應該立即向凡爾賽進軍。由於良心上的躊躇，他們喪失了時機。他們不願發動國內戰爭，好像那惡毒的妖物梯亥爾還沒有因企圖解除巴黎武裝而把內戰發動起來似的。第二個錯誤：中央委員會爲要讓位給公社，而把權力放棄得太早。這又是由於『太過端正』以至流於疑懼！（註三）雖是如此，這一次

（註三）列寧在他的讀馬克思致顧格曼書信集的筆記中，把巴黎公社底錯誤底本質與巴黎公社社員底歷史功績概述於下面幾句話：

『這兩個錯誤，都是在於缺乏進攻，缺乏意識與决心去打碎官僚主義的軍國主義的國家機器與資產

階級底權力。巴黎公社裏面鼓起馬克思熱情的是些什麼呢？還就是巴黎人的機動能力，「歷史創造力，自我犧牲的能力。」「巴黎底翻天覆地的英雄們。」（列寧馬克思主義論國家）——編者註

的巴黎起義——即使它被舊社會底狼猪和惡狗們所壓倒——還是我們黨從巴黎六月起義以來的最光榮的行爲。將這些巴黎底「翻天覆地」的英雄們，與德意志普魯士神聖羅馬帝國（它帶有染着兵營臭味、教堂臭味、士官貴族臭味、尤其是庸人臭味之因襲的假裝）底順天的奴才們比較一下能。

順便對你說。在正式發表的向拿破倫第三底財政部直接領取津貼的單子中有一項：一八五九年八月符赫特（Vogt）領取四萬法郎，我已將此事告訴李卜克內西以備將來之用。

二

一八七一年四月十七日，（於倫敦）

……你怎樣能把一八四九年六月十三日（註四）那一類的小資產階級的示威與巴

（註四）參看馬克思所著法蘭西階級鬥爭第三章。——編者註

黎的現在的鬥爭來比較，這是我所完全不能理解的。

如果鬥爭只在一定順利的機會底條件之下才去進行，那末，世界歷史就一定是很易被造成的了。另一方面，如果『偶然性』不起任何作用，那世界歷史就一定帶着極神秘的性質。這些『偶然性』很自然地進入於發展底一般行程中並爲其他的『偶然性』所抵償。但是，加速或延緩，（指進程言——譯者）是很依靠於這一類『偶然性』的——（包括這樣的偶然之事，如那些在最初就站在運動之首的人物的性格）。

這次決定的不利的『偶然事體』，決不應求之於法國社會底一般條件之中，而應求之於普魯士軍駐在法國與普魯士軍近在巴黎的這種情形之中。這是巴黎人所深知的。這也是凡爾賽的資產階級的棍徒們所深知的。正是因爲這個緣故，所以他們要巴黎人在二者之中選擇其一；或是接受挑戰，或是不戰而降。不戰而降，是使工人階級瓦解，其不幸比喪失任何數目的首領還要大得多。工人階級反對資產階級及其國家的鬥爭，因巴黎的鬥爭

而進入一個新的階段。不管其直接的結果如何，一個有世界歷史重要性的新出發點是已經取得了。

列寧在馬克思致顧格曼書信集俄譯本序文中論巴黎公社

……馬克思對於巴黎公社之評價，是致顧格曼書信集底最精彩的一部分。而這個評價，與俄國右派社會民主黨人的方法相比較，是特別有價值的。普列哈諾夫在一九〇五年十二月之後怯懦地喊道：『他們原不該動用武器呵！』而他還有臉孔自比於馬克思。他暗示說，馬克思在一八七〇年也阻止了革命的。

是的，馬克思也阻止一八七〇年的革命。但在普列哈諾夫自己所提出的這個比較中，普列哈諾夫與馬克思之間是隔着多麼遠的鴻溝呵！

一九〇五年十一月，在第一個革命浪潮達到其最高峯之前一個月，普列哈諾夫非但沒有鄭重警告無產階級，而反是明確地說必須『學習使用武器，武裝起來。』可是，一個月之後，鬥爭爆發起來，普列哈諾夫絲毫沒有企圖去分析它底意義，它在事變一般發展中的作用，它與以前鬥爭形式的關係，而只是急急忙忙扮演着懺悔的知識分子底角色，高喊：『他們原不應動用武器呵！』

在一八七〇年九月，在巴黎公社發生六個月之前，馬克思鄭重地警告法國工人。他在著名的國際底宣言中說，推翻新政府的企圖是絕望的蠢舉。他在事先就揭穿了要發動一個與一七九二年同一精神的運動底這種可能性，是民族主義的幻想。他能夠不是在事後而在幾個月以前，就這樣說：『不要動用武器。』

但當這個無希望的鬥爭（這是他自己在九月所宣稱的）已在一八七一年三月開始實行之時，他採取什麽行動呢？他是否利用這機會（像普列哈諾夫利用十二月事變那樣）去打擊他底敵人——領導巴黎公社的普魯東派與勃朗基派嗎？他是否像一個羞作怒叱的女教員那樣說，『我早已告訴了你們，警告了你們；這就是你們底浪漫主義之結果，就是你們底革命的癲狂之結果』嗎？他是否向巴黎公社社員宣傳着自滿的庸人底說教，像普列哈諾夫向十二月戰士所宣說的那樣，說『你們原不應動用武器』嗎？

沒有。在一八七一年四月十二日，馬克思寫一封熱烈的信給顧格曼——這是我們願意看見每一個俄國社會民主黨員與每一個識字的俄國工人都把他懸掛於家中壁上的一封信。

在一八七〇年，馬克思說起義是拚命的蠢舉；但在一八七一年四月，當他看見了人民底羣衆運動，他對於這個在世界歷史革命運動中表示前進一步的大事變，是像一個參加者那樣，以重大的注意來觀察它。

他說，這是要把官僚主義的軍國主義的機器打碎而不是單把它從一手移轉於他手底一個企圖。他對於普魯東派與勃朗基派所領導的『英勇的』巴黎工人，唱了一首眞實的讚美歌。

他寫道：

『這些巴黎人有何等的機動能力，何等的歷史的創造力，何等的犧牲能力呵！……在歷史中，從沒有過這樣偉大的例子。』

馬克思超越一切地，珍視羣衆底歷史的創造力。只要我們的俄國社會民主黨人能從馬克思學到如何去賞識俄國工人農民在一九〇五年十月與十二月間所表現的歷史的創造力，那就好啊！

這個淵博的思想家（他六個月之先就已預料到失敗）對於羣衆底歷史創造力之尊敬，與無生命的、無靈魂的、迂腐的話『他們原不應動用武器呵』相較，豈不是有天淵之別嗎？

而且，在倫敦過着流亡生活的馬克思，像羣衆鬥爭底一個參加者一樣，對於這個鬥爭，他是以一切他所持有的熱忱與情感加以反應的，從事批評那些準備『翻天覆地、』傻勇的』巴黎人所採取的當前步驟。

呵！我們現在馬克思主義者中的『現實主義的』冒稱聰明的人，嘲笑一九〇六至一九〇七年的俄國的革命的浪漫主義；不知他們將怎樣嘲笑着那時的馬克思啊！對於這位向『翻天覆地』的『企圖』表示尊敬的唯物論者與經濟學者（他是烏託邦底敵人）不知他們將加以怎樣的嘲笑啊！爲着他的這種反抗傾向，這種烏託邦主義等等，爲着他的這種對於『翻天覆地』的運動底重視，不知這些『蒙着頭的人物』(註)將會給他流多少眼淚，將會給他以怎樣卑謙的微笑或哀悼呵！

但馬克思的頭腦，並沒有裝滿這些瘟猪的聰明（這些瘟猪害怕討論較高形式的革命鬥爭底技術）他恰恰在討論着起義底技術的問題。防禦呢？進攻呢？他這樣地問着，好像軍事的行動是發生於倫敦城外一樣。他決定道，一定要進攻：『他們應該立即向凡爾賽進攻……。』

這是寫於一八七一年四月，離大的流血的五月還有幾個星期。

起義者既已開始其『翻天覆地的』『絕望的蠢舉』（一八七〇年九月所說的話，）——『他們應該立即向凡爾賽進軍。』

(註)契訶夫小說中的一個人物，他不論春夏秋冬都蒙着頭部，一聽到自由主義的改良建設，就一定說：『我希望不會生出什麼壞的結果。』 編者註

在一九〇五年十二月，「他們原不應動用武器」去用武力反抗那種要想奪回他們已得自由的最初企圖。

是的，普列哈諾夫自比於馬克思，不是無因的呵！

馬克思繼續他的技術的批評說：

『第二個錯誤中央委員會（注意這是指軍事的領導是指國民軍底中央委員會）把權力放棄得太早。』

馬克思知道怎樣警告領袖們不要發動未成熟的起義。但他對於『翻天覆地』的無產階級，是抱着一個實踐顧問底態度，羣衆鬥爭參加者底態度，這些羣衆，不管勃朗基與普魯東底謬誤的錯誤理論，還是把整個的運動提到一個較高的階段：

他寫道：

『雖是如此，這一次的巴黎起義卽使它被舊社會底狼猪和惡狗們所壓倒，——還是我們黨從巴黎六月起義以來的最光榮的行爲。』

馬克思並不對無產階級掩飾巴黎公社底任何一個錯誤，他把一本著作題奉獻給這個偉業。他的這本著作，直到現在還是爲爭取『天』而鬥爭的最好的指南，而且是自由主義的和急進主義的『猪』所最怕的巨物。

普列哈諾夫奉獻給十二月事變的『著作』，却幾乎成爲立憲民主黨人（俄國資產階級的黨——譯者）底聖經。

是的，普列哈諾夫自比於馬克思，不是無因的呵！

顧格曼顯然是寫了回信給馬克思表示某些疑問，認爲這一事業是沒有希望的，並把現實主義拿來與浪漫主義相比，——至少他把巴黎公社這起義與一八四九年六月十三日的和平示威相比較。

馬克思立卽（一八七一年四月十七日）給顧格曼一頓嚴厲的訓詞。

他寫道：

『如果鬥爭只在一定順利的機會底條件之下才去進行，那末世界歷史就定是很易被造成的了。』

在一八七〇年九月，馬克思稱起義爲絕望的蠢舉。但當羣衆已經起來時，馬克思就要和他們一同前進，要和他們一同在鬥爭過程中學習，而並不向他們作一番官僚主義的訓斥。他知道要想在事先就把機會估計得完全正確，這是吹牛或是無希望的迂腐。他以爲工人階級英勇地自我犧牲地拿起主動權製造世界歷史，其價值是超乎其他一切之上的。馬克思從那些製造歷史但不能在事先就把機會估計得毫厘不差的人們底立場來觀察世界歷史，而不是從一個用『這是很易預料的……他們原不應動用……』這類的話去教訓人的知識分子的俗人底立場來觀察世界歷史。

馬克思善於珍視這樣的事實，就是在歷史中會有這樣的時機，羣衆甚至爲了一個無成功希望的目標而拚命奮鬥，但這爲了給這些羣衆更進一步的教育，爲了訓練他們準備下一次的鬥爭，還是必要的。

對於這問題作如此說法，對於我們的現在的僞馬克思主義者，在原則上是不可理解的，甚至是格格不相入的；這些僞馬克思主義者喜歡引徵馬克思的話，但只爲要學習如何去估計過去，而不是爲要獲得如何去造就將來的能力。甚至當普列哈諾夫在一九〇五年十二月之後開始『阻止』起義的時候，他也還沒有想成這個樣兒。

但馬克思所提出的，正是這個問題，而他絲毫也沒有忘記他在一八七〇年九月是把起義視爲絕望的蠢舉的。

馬克思寫道：

『凡爾賽的資產階級的棍徒……要巴黎人在二者之中選擇其一：或是接受挑戰，或是不戰而降。不戰而降，是使工人階級瓦解，其不幸比喪失任何數目的首領還要大得多。』

我們用這話來結束我們對於馬克思在其致顧格曼信中所指出的教訓（值得無產階級採取的政策的教訓）之簡短評述。

俄國的工人階級，已證明了一次，而且還將不止一次地證明，它是有能力來『翻天覆地』的。

后记

“马克思主义经典文献传播通考”丛书经过三年多的立项、写作、编辑，终于呈现在广大读者面前。

“十月革命一声炮响，给我们送来了马克思列宁主义。”从此，以李大钊为代表的中国先进分子选择了这一思想并积极推动马克思主义政党的建立。中国共产党成立后，坚定地把马克思主义作为指导思想和理论基础，推动着中国革命、建设和改革事业不断胜利，推动着中华民族复兴伟业不断前行。2018年是马克思诞辰200周年，2020年是《共产党宣言》第一个完整中译本出版100周年，2021年是中国共产党成立100周年。在这样的背景下，我们推出了“马克思主义经典文献传播通考”，就是要探寻马克思主义经典文献是如何传入中国的；在传播过程中，无数前辈付出了怎样的努力和牺牲；这些经典思想又怎样与中国实际相结合、与中国文化相融合，从而成为指导中国革命和建设的强大思想力量。

辽宁出版集团和辽宁人民出版社秉承出版理想，担当出版使命，以强烈的主题出版意识，承担了这一重大出版工程的编辑出版工作；积极组建工作团队，配备优秀编辑力量，为此项出版工程的顺利推进提供了多维度保障。

在出版项目实施过程中，杨金海、李惠斌、艾四林三位主编以高度的责任意识、严谨的治学态度、扎实的学术功底和深厚的专业素养，为丛书的研究方向、学术内容、逻辑结构、作者选择、书稿质量把关等贡献了大量的智慧，是这套丛书得以顺利出版的根本保证。王宪明、李成旺、姜海波三位副主编全力配合丛书主编工作，为丛书的编写付出了大量心血。特别是常务副主编姜海波全身心投入丛书的编写工作，从丛书所附影印底本资料的搜集，到书稿编写的整体协调和联络，都精心负责，其认真的工作精神和勤奋的工作态度，令我们感动。原中央编译局的领导和研究人员为本丛书的出版作出了积极贡献。原副局长张卫峰在选题立项、主编人选的推荐和丛书的设计上给予热心指导；中央编译出版社原社长和龑先生和我们一起全力推动丛书的出版，贡献了智慧和力量。清华大学马克思主义学院作为项目的主持方，为项目的平台建设和未来学术发展提供了强有力的支持。每本书的作者都殚精竭虑、勤奋写作，奉献了自己的学术和研究成果，成就了如此大规模丛书的出版。我国理论界和翻译界的著名专家陈先达教授、赵家祥教授、宋书声译审等对丛书的出版给予鼎力支持，为丛书的出版立项积极推荐，给我们以巨大鼓舞。我们出版行业的老领导柳斌杰对丛书的出版给予大力支持，提出许多宝贵建议，提升了其出版价值。辽宁出版集团专家委员会的许多成员对该丛书的出版给予了智力和业务上的支持帮助。作为丛书的出版方，我们向他们表示深深的谢意！

一项浩大出版工程的背后，必定有一批人的智慧付出和竭诚奉献。今天，当出版成果摆在读者面前之时，我们由衷地向每一位对本丛书问世作出贡献的人致以崇高的敬意和诚挚的谢意。由于我们水平有限，在编辑出版过程中难免出现疏漏，还望广大读者批评指正。

编 者

2019年7月